철저한 십자가

Originally published in English under the title of

THE RADICAL CROSS : LIVING THE PASSION OF CHRIST

by A.W. Tozer

Copyright ⓒ 2005 by Zur Ltd.
Published by WingSpread Publishers,
a division of Zur Ltd.,
3825 Hartzdale Drive, Camp Hill, PA 17011, U.S.A.
All rights reserved.
Korean Translation Copyright ⓒ 2011 by Kyujang Publishing Company

본 저작물의 한국어판 저작권은 WingSpread Publishers사와
독점 계약한 규장이 소유합니다.
저작권법에 의하여 한국 내에서 보호를 받는 저작물이므로
무단 전재와 무단 복제를 금합니다.

## A. W. 토저 마이티 시리즈(A. W. TOZER Mighty Series)

토저는 교인수의 성장을 위해서라면 대중의 인기에 야합하고, 거대 기업의 경영방식을 무차별 차용하고, 할리우드 엔터테인먼트 방식을 예배에 도입하는 것에 대해 통렬한 비판을 가하였다. 그는 현대의 교회가 물량적 성장을 위해서라면 교회의 순결성을 포기하는 듯한 자세를 보일 때는 그것을 좌시하지 않고 언제나 선지자의 음성을 발하였다. 듣든지 안 듣든지 이스라엘 교회의 세속화를 준열히 책망했던 예레미야처럼, 토저도 시대에 아부하지 않고 하나님교회의 순정성(純正性)을 파수하기 위해 '강력한'(Mighty) 말씀을 선포했다. 그래서 토저는 '이 시대의 선지자'라는 평판을 들었다. 토저가 신앙의 개혁을 위해 외쳤던 뜨겁고 강력한 메시지를 이 시대의 우리도 들어야 한다. 말씀과 성령에 의한 개혁이 절실히 필요한 이때, 규장에서 토저의 강력한(Mighty) 메시지들을 'A. W. 토저 마이티(Mighty) 시리즈'로 출간한다.

"토저의 설교는 설교단에서 발사되어 청중의 마음을 관통하는 레이저 광선과 같다." - 워런 위어스비

# 철저한 십자가

A. W. 토저 지음 | 이용복 옮김

규장

추천의 글

# 모든 문제의 해답,
# 철저한 십자가를 붙들라!

**역사의 핵심은 십자가이다**

우리는 '문제의 핵심'(the crux of the matter) 또는 '상황의 핵심'(the crux of the situation)이라는 말을 자주 듣게 된다. 이때 '핵심'이라는 말, 즉 '크럭스'(crux)는 라틴어에서 유래했는데 그 뜻은 '십자가'이다. '크럭스'라는 말이 왜 '중대한 시점'이라는 말과 연관성을 갖게 되었는가? 그것은 예수 그리스도의 십자가가 진정으로 역사(歷史)의 핵심이기 때문이다. 만일 십자가가 없다면 역사의 의미를 밝히는 것이나 역사를 올바른 방향으로 이끄는 것이 불가능해진다.

사람들이 말로 다할 수 없는 고통을 느낄 때 종종 사용하는 표현이 있는데, 그것은 '익스크루시에이팅'(excruciating, '몹시 고통스러운'이라는 뜻)이다. 이것 역시 라틴어에서 유래한 단어로 '십자가로부터'(out of the cross)라는 뜻을 갖고 있다. 시대를 초월하여 무수한 사람들의 체험 속에서 '십자가'는 시간과 공간을 뛰어넘어 인간의 마음 가장 깊은 상처들에게 말을 거는 역사적 사건이었다.

### 십자가의 역설을 잘 이해한 토저

하지만 우리는 단순히 고통과 고난 속에서 사는 것이 아니다. 우리는 또한 마음속에 깊은 굶주림을 안고 살아간다. 그 굶주림은 끈질기게 우리의 실존을 갉아먹는다. 우리에게는 적어도 네 가지 굶주림이 있다.

첫째, 거짓이 만연한 세상에서 우리에게는 진리에 대한 굶주림이 있다.

둘째, 미움이 증폭되는 시대에 우리는 사랑에 굶주려 있다.

셋째, 불의가 법을 조롱하는 것을 볼 때 우리는 공의를 갈망한다.

넷째, 우리 자신이 실수하고 넘어지기 때문에 우리는 용서를 간절히 원한다.

이런 네 가지 갈망이 우리의 마음속에 가득하다. 내가 볼 때, 이 네 가지 굶주림이 모두 모이는 곳이 이 세상에 딱 한군데 있다. 그것은 바로 십자가이다. 그러므로 감히 말하건대, 고통과 갈망이 뒤섞인 십자가에서 회복을 가능하게 하는 숭고한 하나님의 응답이 드러난다. 왜냐하면 십자가의 역설(逆說) 안에서 우리의 문제와 하나님의 응답이 만나기 때문이다.

얼마 전 나는 1904년에 일어난 웨일즈 부흥을 기리기 위해 열린 100주년 기념행사에서 설교를 했다. 나는 웨일즈 부흥 때 만들어진 장엄한 찬송가를 여러 번 들었는데, 그것은 '여기에 사랑이 있다'라는 찬송가였다. 그 찬송가의 선율은 뇌리를 떠나지 않았고 그 가사는 십자가의 역설을 담고 있었다. 가사를 소개하면 다음과 같다.

십자가 사건이 일어난 언덕 위에
깊고 넓은 샘이 열렸고
하나님의 자비의 수문(水門)을 통해

큰 은혜의 물결이 흘러나왔도다.

은혜와 사랑이 거대한 강물처럼
위로부터 끊임없이 쏟아졌고
하늘의 평화와 완전한 공의가
죄에 빠진 세상에 사랑으로 입 맞추었도다.

완전한 평화와 완전한 공의가 약 2천 년 전 어느 금요일 오후에 한 사람의 죽음을 통해 하나가 되었다는 것이 십자가의 역설이다. 예수님과 함께 십자가에 달려 있는 동안 회개한 강도는 그 역설을 깨달았다. 예수님이 십자가에서 당하신 육체적 고통을 가장 잘 이해한 사람은 바로 그 강도였다. 그는 자기가 그런 고통을 당하는 것이 마땅하다고 생각했다. 그는 하나님을 두려워하는 것이 무엇인지를 알았다. 그는 자기 옆에서 십자가에 달려 계신 죄 없는 분이 주시는 죄 사함의 확신을 얻었다.

A.W.토저는 영혼의 굶주림 같은 심오한 주제에 대해 가장 탁

월한 글을 남긴 사람 중 하나이다. 누구보다 그는 십자가의 역설을 잘 이해했다. 이 책의 첫 번째 장(章)에서 그는 십자가를 단순한 상징으로 전락시키는 경향에 저항하라고 신자들에게 권면한다. 만일 십자가가 우리의 신앙에 매달은 평범한 장식으로 변질되었다면 우리는 십자가를 모르는 것이고, 그리스도께서 지신 십자가가 얼마나 수치스러운 것이었는지를 알지 못하는 것이다.

### 지금 우리에게 십자가가 필요하다

토저의 글이 우리 시대에 진정으로 필요한 것은 그가 그리스도의 죽음의 시간적 초월성과 시기적 적절성을 모두 이해했기 때문이다. 사도 바울은 고린도교회 신자들에게 "너희가 이 떡을 먹으며 이 잔을 마실 때마다 주의 죽으심을 그가 오실 때까지 전하는 것이니라"(고전 11:26)라고 권면했는데, 이 말 속에는 십자가의 시간적 초월성이 담겨 있다. 이 말에는 모든 시제, 즉 과거와 현재와 미래가 담겨 있다. 그리스도께서 돌아가신 순간은 과거에 실제로 존재했던 한 시점이었다. 현재 그리스도께서는 우리 안에서 살겠다고 제안하신다. 그리고 그분은 미래에 다시 오겠다고 약속하셨다.

십자가의 과거와 현재와 미래가 우리의 문제들과 관련이 없는 것이 아니다. 많은 현대인들이 로마의 십자가형의 잔인함을 보고 감수성에 상처를 입기도 한다. 심지어 일부 사람들은 속죄라는 것이 자기와는 관계없는 교리라고 굳게 믿고 있다. 그러나 세계 곳곳에서 날마다 일어나는 전례 없는 폭력적 사건들을 볼 때 우리는 가장 야만적인 사건, 즉 그리스도의 십자가형을 떠올리게 되고 또 그것이 인류에게 주는 메시지를 생각하게 된다.

심지어 나는 다음과 같이 말하고 싶다.

"하나님께서 우리의 평화를 위해 자신의 아들을 희생하여 치르신 대가를 우리가 깨닫지 못한다면, 우리는 우리의 증오와 잔인함의 전쟁터에서 우리의 아들딸들이 목숨을 잃는다 할지라도 평화를 얻지 못할 것이다."

세상에게는 속량이 필요하고 그 속량은 비싼 대가를 치러야 한다는 사실이 과거 그 어느 때보다도 지금 명백히 드러나고 있다. 어느 때보다도 지금, 하나님과 우리 사이의 경계를 허물기 위해 우리의 언어와 갈망에 십자가가 필요하다.

십자가가 없다면 진리와 사랑과 공의와 용서와 우리 사이에 놓인 깊은 수렁을 메울 수 없다. 십자가에서 발견되는 신비와 사랑의 깊이를 다 잴 수는 없지만, 우리 그리스도인들은 평생 십자가가 얼마나 큰 대가를 치르고 세워진 것인지를 보고 놀라며 그 의미를 송축해야 할 것이다.

따라서 나는 토저의 글을 당신에게 추천하는 바이다. 그의 글을 읽으면 십자가에 대해 깊이 이해할 수 있고 십자가의 명령에 더 충실히 따르게 될 것이다. 십자가보다 더 중요한 주제는 없다. 십자가는 이 세상의 모든 철학에 대항할 수 있는 사고를 우리에게 심어준다. 우리로 하여금 감탄하며 경배하도록 만드는 십자가의 역설을 당신이 깊이 묵상할 때, 당신이 마음에 감동을 받아 찬송가 '주 달려 죽은 십자가' (새찬송가 149장)를 부르게 되기를 나는 기도한다.

온 세상 만물 가져도
주 은혜 못 다 갚겠네.
놀라운 사랑 받은 나
몸으로 제물 삼겠네.

래비 재커라이어스 국제사역센터 총재
**래비 재커라이어스**(Dr. Ravi Zacharias)

영문판 편집자의 글

# 십자가 앞에서 무릎 꿇을 때 진정한 승리를 얻는다

토저의 글을 편집한 많은 책들 중 특별히 이 책은 그가 예수 그리스도의 십자가에 대해 외쳤던 메시지에 초점을 맞춘 최초의 편집물이다. 토저가 지속적으로 열정을 갖고 외쳤던 한 가지 메시지가 있다면, 그것은 '십자가에 못 박힌 삶'이다. 그가 즐겨 사용했던 성경 구절 중 하나는 "아무든지 나를 따라오려거든 자기를 부인하고 날마다 제 십자가를 지고 나를 따를 것이니라"(눅 9:23)라는 말씀이다.

**십자가 메시지가 가져다주는 승리**

약 2천 년 동안 이 십자가의 메시지는 육신적 영역과 영적 영역 사이에서, 인간의 뜻과 하나님의 뜻 사이에서 사람들의 결단을 촉구하는 역할을 해왔다. 각 나라에서 새로운 세대가 일어날 때마다 그 혼란스런 사회 속에 십자가의 메시지가 던져졌다. 그때마다 십자가의 메시지는 한편으로는 갈등을 일으켰지만 또 한편으로는 진정한 평화를 주었다. 새로운 사회들이 끊임없이 생기고 또 사라질 것이다(우리 사회도 마찬가지이다). 나라들도 일어나고 또 사라질 것이다. 그러나 십자가의 메시지는 언제까지나 세상의 저항을 견뎌내고 '승리의 왕'이신 그리스도와 함께 승리할 것이다. 그렇기 때문에 이 책은 굉장히 중요한 의미를 갖는다.

우리는 토저의 이 책을 읽을 때 마음에 가책을 받지 않을 수 없다. 단순히 토저의 성경적 통찰과 신랄한 메시지를 칭찬하는 것만으로는 부족하다. 그는 그런 공허한 칭찬을 싫어할 것이다. 그는 당신과 내가 이 책을 읽고 그리스도를 더욱 닮기를 원할 것이다.

내가 토저의 글을 읽고 탄복하는 부분은, 그가 그리스도께서 갈보리 언덕에서 이루신 것을 이해하면 할수록 하나님께서 인류의 속량을 위해 치르신 무한히 큰 대가에 대해 더욱 놀랐다는 것이다! 옛 신비가(神秘家)들을 많이 연구했음에도 불구하고 그는 그리스도의 속죄를 다 이해할 수 없다고 끝임없이 느꼈다.

많은 사람에게 존경받았던 토저는 유명 강사로 사람들에게 도전을 주는 솔직한 설교를 많이 했지만, 그럼에도 불구하고 자기가 전능한 하나님 앞에서 얼마나 낮고 천한 존재인지를 너무나 잘 알았다. 그랬기 때문에 그가 그토록 강력한 메시지를 효과적으로 전할 힘을 얻었던 것이 아닐까?

우리가 십자가 앞에서 무릎을 꿇을 때 비로소 우리의 생활과 사역을 위해 필요한 능력을 얻게 된다는 것이 이 책의 가장 큰 교훈이라고 나는 믿는다.

더글러스 B. 윅스 (Douglas B. Wicks)

# CONTENTS

추천의 글
영문판 편집자의 글

## PART 1 철저한 십자가 : 그것의 능력

CHAPTER 01 　십자가는 철저한 것이다　20
CHAPTER 02 　우리를 완전케 하는 십자가의 보혈을 의지하라　26
CHAPTER 03 　십자가 너머 부활의 능력을 바라보라　35
CHAPTER 04 　십자가는 우리를 더 깊은 삶으로 인도한다　41

## PART 2 철저한 십자가 : 그것을 위한 대가

CHAPTER 05 　성도는 홀로 걸어야 한다　48
CHAPTER 06 　주님은 완전한 헌신을 원하신다　59
CHAPTER 07 　부분이 아닌 전부를 십자가에 못 박으라　69
CHAPTER 08 　십자가는 우리의 삶을 철저히 간섭한다　74
CHAPTER 09 　징계를 당할 것인가, 십자가를 질 것인가?　80

## PART 3 철저한 십자가 : 그것의 목적

CHAPTER 10 　예수님이 나를 위해 십자가를 지셨다　88
CHAPTER 11 　주님을 따르려거든 자기 십자가를 지라　97
CHAPTER 12 　새 십자가를 버리고, 옛 십자가를 지라　102
CHAPTER 13 　성찬은 그리스도를 기념한다　109

## PART 4  철저한 십자가 : 그것의 고통

- CHAPTER 14  십자가는 화평이 아니라 검이다 … 120
- CHAPTER 15  그리스도인은 고난을 피할 수 없다 … 124
- CHAPTER 16  십자가는 십자가로 받아들여야 한다 … 129
- CHAPTER 17  자아를 십자가에 못 박으라 … 134
- CHAPTER 18  세상의 길이 아닌 십자가의 길을 따라가라 … 140

## PART 5  철저한 십자가 : 그것이 예비한 것

- CHAPTER 19  그리스도의 심판대 앞에 설 준비를 하라 … 154
- CHAPTER 20  하나님의 사람은 하나님의 집에 거한다 … 160

## PART 6  철저한 십자가 : 그것의 역설

- CHAPTER 21  살려고 하면 죽어야 한다 … 170
- CHAPTER 22  그리스도인은 양면적인 존재이다 … 174
- CHAPTER 23  세상과 타협할 것인가, 세상을 거부할 것인가? … 180
- CHAPTER 24  십자가의 보혈이 우리를 보호한다 … 185
- CHAPTER 25  그리스도는 주님이자 심판자이시다 … 189

## PART 7  철저한 십자가 : 그것의 약속

- CHAPTER 26  그리스도의 부활이 죽음을 이겼다 … 198
- CHAPTER 27  십자가의 구원은 영원 전에 계획되었다 … 204
- CHAPTER 28  무한하신 하나님의 측량할 수 없는 은혜를 누려라 … 207
- CHAPTER 29  십자가 뒤에 있는 말할 수 없는 기쁨을 맛보라 … 219
- CHAPTER 30  완전한 사랑이 약속하는 완전한 미래를 기다리라 … 227

## PART 1

# 철저한 십자가:
# 그것의 능력

십자가는 우리를 굴복시키고 우리의 이기적인 삶을 끝장낼 것이다.
그럴 때 비로소 우리는 생명의 충만함 가운데서 다시 일어나
선행으로 가득한 전혀 새롭고 자유로운 삶의 방식을 만들어갈 수 있을 것이다.

CHAPTER 01

# 십자가는
# 철저한 것이다

THE RADICAL CROSS

**십자가의 혁명적 능력**

그리스도의 십자가는 인류에게 나타난 것들 중 가장 혁명적인 것이다. 고대 로마 시대의 십자가는 타협을 몰랐다. 양보가 없었다. 그것은 자신의 적(敵)을 죽여서 영원히 침묵 속에 빠뜨림으로써 모든 논쟁에서 승리했다. 그것은 그리스도까지도 자신의 희생물로 만들었다. 십자가의 형벌을 받은 다른 사람들과 마찬가지로 그리스도까지도 죽였다. 사람들이 그분을 십자가에 못 박아 매달았을 때 그리스도는 살아 계셨지만, 여섯 시간 후 그분을 십자가에서 내릴 때 그분은 이미 숨을 거둔 상태셨다. 기독교의 역사(歷史) 속에서 처음 나타난 십자가는 바로 그런 것이었다.

그리스도께서 죽은 자 가운데서 부활하셨을 때 사도들이 나아가 그분의 메시지를 전했는데, 그들이 전한 것은 바로 십자가였다. 넓은 세상 그 어느 곳을 가든지 간에 그들은 십자가를 지고 갔으며, 그들에게서는 동일한 혁명적 능력이 나타났다. 십자가의 철저한 메시지는 다소(Tarsus)의 사울을 변화시켰다. 십자가의 철저한 메시지 때문에 그는 기독교를 박해하던 사람에서 기독교를 진심으로 믿고 전하는 사도로 바뀌었다. 십자가의 능력은 악한 사람들을 선한 사람들로 변화시켰다. 그것은 이교(異敎)의 오랜 속박을 깨버렸고, 서양 세계의 도덕적 및 정신적 태도를 완전히 바꾸어놓았다.

십자가가 그런 모든 일을 계속할 수 있었던 것은 자신의 정체성에 충실했기 때문이다. 다시 말해서, 십자가가 변질되지 않았기 때문이다. 그러나 '죽음의 십자가'가 '장식(裝飾)의 십자가'로 변질되었을 때 십자가의 능력은 사라졌다. 십자가를 상징물로 삼는 사람들도 있었고, 십자가를 장식용으로 목에 거는 사람들도 있었고, 악을 쫓아버리기 위해 얼굴 앞에 십자가 모양의 성호(聖號)를 그어서 십자가의 마술적 능력을 기대하는 사람들도 있었다. 하지만 그런 경우들에서 십자가는 기껏해야 연약한 상징에 머물렀거나, 최악의 경우에는 명백한 미신의 대상으로 전락했다. 오늘날도 십자가의 능력을 전혀 모르는 무수한 사람들이 잘못된 십자가를 거의 숭배하다시피 한다.

십자가는 기존의 전형(典型)을 멸하고 다른 전형을 창조함으로써 자신의 목적을 이룬다. 다시 말해서, 십자가의 희생자의 전형을 멸하고 자신의 전형을 창조함으로써 자신의 목적을 이룬다. 이처럼 십자가는 언제나 자기의 뜻을 이룬다. 십자가는 자기의 적(敵)을 패배시키고 자신의 의지를 적에게 강요함으로써 승리한다. 십자가는 언제나 지배할 뿐이다. 평화를 위해 타협하거나 거래하거나 양보하거나 굴복하는 것을 모른다. 십자가는 평화에 관심이 없고 오직 최대한 빨리 자기의 적을 없애는 데만 관심이 있다.

이런 것을 잘 아셨던 그리스도께서는 "누구든지 나를 따라오려거든 자기를 부인하고 자기 십자가를 지고 나를 따를 것이니라"(마 16:24)라고 말씀하셨다. 십자가는 그리스도의 생명을 끝냈을 뿐만 아니라, 그분의 모든 진정한 추종자들의 첫 번째 생명, 즉 옛 생명을 끝낸다. 십자가는 신자의 삶 속에 있는 옛 본성, 다시 말해 아담의 본성을 멸하여 끝낸다. 그럴 때 비로소 하나님, 곧 그리스도를 죽은 자들로부터 다시 살리신 그 하나님께서 신자를 살리시며, 신자에게서 새 생명이 시작된다.

### 십자가의 제자리

바로 이것이 진정한 기독교이다. 이것이 아닌 다른 것은 참된 기독교가 아니다. 이런 기독교는 오늘날 많은 복음주의자들이 믿는 기독교와 완전히 다른 것이다. 나는 참된 기독교를 양보할 생각이 조금도 없다. 십자가는 사람들이 마음속에 품고 있는 기독교에 대한 이런저런 견해들보다 높이 우뚝 서 있다. 그들의 견해는 결국 십자가 앞으로 나아와 심판을 받아야 한다. 세상적 방법으로 교회를 이끌고 가려는 얄팍한 교회 지도자들은 연예오락에 열광하는 젖먹이 성도들, 즉 성소에서조차 재미있게 즐기려는 교인들의 비위를 맞추기 위해 십자가의 엄격함을 완화시키려고 할 것이다. 하지만 그렇게 하면 영적(靈的) 재앙이 닥칠 것이고, 어린양께서 사자처럼 돌변하여 진노하실 것이다.

우리는 십자가에 대해 결단해야 한다. 그런데 십자가에 대해 우리가 할 수 있는 것은 둘 중 하나인데, 하나는 십자가를 회피하는 것이고 다른 하나는 십자가 위에서 죽는 것이다. 만일 십자가를 회피하는 어리석은 선택을 한다면, 우리는 우리 조상의 신앙을 포기하고 기독교를 부정하는 셈이 된다. 그럴 경우, 우리 입에서 나오는 '구원'이라는 말은 공허한 언어에 불과할 것이다. 우리가 참된 십자가에서 떠난다면 그 능력이 우리에게서 떠날 것이다.

우리가 지혜로운 자라면 예수님처럼 할 것이다. 다시 말해서 십자가를 참고 견딜 것이고, 십자가 너머에 있는 즐거움을 위하여 십자가의 부끄러움을 개의치 않을 것이다. 그렇게 하기 위해서는 우리의 삶의 방식 전부가 끝없는 생명의 능력 안에서 깨어지고 다시 세워지도록 우리의 삶을 그분께 넘겨드려야 한다. 그렇게 할 때 우리는 십자가가 단순히 시(詩)의 소재나 감미로운 찬송가의 주제나 고상한 감정의 대상에 불과한 것이 아님을 알게 될 것이다.

십자가는 우리의 삶 속으로 침투해 들어와 극도의 고통을 줄 것이고, 우리를 아끼지 않을 것이며, 우리가 소중히 가꾸어온 우리의 명성도 아끼지 않을 것이다. 십자가는 우리를 굴복시키고 우리의 이기적인 삶을 끝장낼 것이다. 그럴 때 비로소 우리는 생명의 충만함 가운데서 다시 일어나 선행으로 가득한 전혀 새롭고 자유로운 삶의 방식을 만들어갈 수 있을 것이다.

정통 기독교를 믿는다는 현대의 신자들에게서 우리가 '십자가에 대한 달라진 태도'를 보게 되는 것은 무슨 이유 때문인가? 하나님께서 변하셨기 때문인가? 그렇지 않다. 그리스도께서 "십자가를 지고 나를 따르라"라는 명령을 완화하셨기 때문인가? 그렇지 않다.

그것은 현재의 기독교가 신약성경의 기준에서 떠났기 때문이다. 아주 멀리 떠났기 때문에 이제 교회의 신학과 삶에서 십자가가 제자리를 찾으려면 새로운 종교개혁이 일어나야 할 것이다.

CHAPTER 02

# 우리를 완전케 하는
# 십자가의 보혈을 의지하라

### 그리스도의 고난

'패션'(passion)이라는 말이 지금은 주로 '욕정'(欲情)이나 '열정'을 의미하지만, 과거에는 '견딜 수 없는 고난'을 의미했다. 그렇기 때문에 사람들은 '그리스도의 수난일'을 '패션 타이드'(Passion Tide) 즉 '수난의 때'라고 부르는 것이며, 우리가 '그리스도의 수난'(the passion of Christ)이라는 말을 흔히 사용하는 것이다. 제사장 되신 그리스도께서, 우리를 위해 자신의 보혈을 제물로 드리신 것이 그리스도의 수난이다.

예수 그리스도는 하나님이시다. 내가 하나님에 대해 말한 모든 것이 그리스도에게 그대로 적용된다. 그리스도는 분할되지 않으신다. 그분은 인간의 본성을 취하셨지만, 인간보다 먼저 계셨고 인간을 창조하셨다. '영원한 말씀이신 하나님'(God the Eternal Word)은 분할되지 않는 존재이시다. 그분의 본질은 나누어지지 않는다. 그 거룩한 분이 고난을 당하셨다. 우리를 위해 피 흘리신 그분의 고난에는 세 가지 특징이 있는데, 그것은 '무한성'과 '전능성'과 '완전성'이다.

무한성은 영원무궁토록 한계도 없고 경계도 없고 끝도 없고 바닥도 없고 꼭대기도 없고 한도도 없는 것을 가리킨다. 그와 마찬가지로, 하늘이 어두워진 그날에, 예수께서 십자가의 고난을 통해 이루신 속죄의 능력은 무한하다.

그리스도의 고난은 무한할 뿐만 아니라 전능하다. 인간의 경우에는 아무리 훌륭한 인간이라 할지라도 어떤 중요한 일을 이룰 뻔했다가 실패할 수 있고, 어떤 중요한 존재가 될 뻔했다가 결국 그렇게 되지 못할 수도 있다. 그것은 인간이기 때문에 어쩔 수 없는 한계이다. 하지만 전능하신 하나님은 어떤 존재가 될 뻔했다가 실패하는 일이 없으시다. 언제나 그분은 하나님으로서 계신다. 그분은 전능한 분이시다.

아이작 왓츠(Isaac Watts, 1674~1748. 영국의 비국교회파 목사이자 찬송시 작가)는 그분이 십자가에서 돌아가신 사건에 대해 "전능하신 창조주 하나님께서 피조물인 인간의 죄 때문에 돌아가셨다"라고 말했다. 전능하신 창조주 하나님께서 돌아가셨을 때 그분의 모든 능력이 인간을 위한 속죄에 포함되었다. 속죄의 효과는 아무리 강조해도 지나치지 않다. 십자가의 능력은 아무리 강조해도 지나치지 않다.

하나님께서는 무한하시고 전능하실 뿐만 아니라 완전하시다. 예수 그리스도의 보혈로 이룬 속죄는 완전하다. 그 속죄에 무엇인가를 더 보탤 필요는 없다. 그것은 흠 없고 점 없고 결함이 없다. 하나님이 완전하시듯이 그리스도의 속죄도 완전하다. 안셀름(Anselm, 1033~1109, 이탈리아 태생으로 '스콜라신학의 아버지'라는 평판을 얻었다)은 하나님께 "당신이 의로운 분이시라면 왜 악한 자들을 살려주십니까?"라고 물었는데, 그리스도의 수난의 효과가 어떤 것인지를 아는 사람은 누구나 그의 질문에 충분히 대답할 수 있을 것이다. 그리스도의 거룩한 십자가 고난과 부활은 우리의 죄를 도말하고 우리에게 내려진 유죄 판결을 무효로 만든다.

### 인간은 유죄 판결을 받았다

우리의 유죄 판결은 어디서, 어떻게 내려졌는가? 그것은 도덕적 상황에 공의가 적용되었을 때 내려졌다. 당신이 스스로를 아무리 친절하고 세련되고 사랑스러운 존재라고 생각할지라도 당신은 도덕적 책임을 면할 수 없다. 과거에도 그랬고, 지금도 그렇고, 앞으로도 그럴 것이다. 하나님이 당신을 찾아오셨을 때 그분은 당신의 도덕적 책임을 문제 삼으셨고, 당신이 공평치 못하고 사악하다는 것을 아셨다.

당신의 사악함을 보신 하나님은 당신이 죽어야 한다고 판결하셨다. 모든 사람은 사형선고를 당한 상태이다. 사형선고를 당한 사람들이 저토록 즐겁게 사는 것을 볼 때 나는 신기하다는 생각이 든다. 에스겔서에는 "범죄하는 그 영혼은 죽을지라"(겔 18:20)라는 말씀이 나온다. 공의가 찾아와 남녀노소의 도덕적 책임을 문제 삼을 때, 그들은 의롭다 함을 얻거나 아니면 정죄를 당하게 된다. 그런데 유감스럽게도 우리는 유죄 판결을 받았다.

다시 강조하지만, 하나님께서는 자신의 공의를 좇아 죄인에게 사형선고를 내리실 때 자신의 긍휼이나 인자나 자비와 갈등을 일으키지 않으신다. 왜냐하면 그것이 모두 하나님의 속성이며 서로 충돌하지 않기 때문이다. 하나님은 자신의 모든 속성을 좇아 인간에게 사형선고를 내리지 않으실 수 없다. 하늘의 천사들은 "전에도 계셨고 지금도 계신 거룩하신 이여 이렇게 심판하시니 의로우시도다 … 그러하다 주 하나님 곧 전능하신 이시여 심판하시는 것이 참되시고 의로우시도다"(계 16:5,7)라고 소리쳤다.

천국에서는 그 어떤 거룩한 존재도 하나님이 행하시는 방법을 문제 삼지 않을 것이다. 전능하신 하나님은 자신의 세계를 경영하시고, 모든 도덕적 피조물은 "심판하시는 것이 참되시고 의로우시도다"(계 16:7), "의와 심판이 주의 보좌의 기초라"(시 89:14, 개역개정판 한글성경에는 "의와 공의가 주의 보좌의 기초라"라고 번역되어 있다 - 역자 주)라고 말한다. 하나님께서 사람에게 사형선고를 내리실 때 그분의 긍휼, 동정, 자비, 지혜 그리고 능력이 모두 그분의 판결에 동의한다. 그분의 모든 지성적 작용은 그분의 선고에 동의한다.

### 우리가 우리 죄를 자백하면

그런데 그리스도의 속죄는 너무나 신비롭고 놀랍다! 그분의 속죄를 의지하여 그 속죄에 자신을 온전히 맡기는 영혼에게는 상황이 완전히 바뀌어버린다. 하나님은 바뀌지 않으셨다. 그리스도께서 돌아가신 것은 하나님을 바꾸기 위해서가 아니었다. 그리스도는 도덕적 상황을 바꾸기 위해 돌아가셨다. 하나님의 공의가 아무 보호책(保護策)이 없는 죄인에게 떨어질 때, 그 공의는 그에게 사형선고를 내린다. 그리고 그분의 모든 속성은 이 선고에 동의한다. 그러나 하나님이신 그리스도께서 나무에 달려 무한한 고통 중에, 넘치는 고통 중에 돌아가셨을 때, 이 크신 하나님도 무한한 고통을 당하셨다. 하나님은 지옥의 모든 고통보다 더 큰 고통을 당하셨다. 그분은 하나님의 고통을 당하셨다. 왜냐하면 그분이 행하시는 모든 것에는 그분의 모든 존재가 동참하기 때문이다. 나의 친구여! 하나님이 당신을 위해 고통을 당하셨을 때 그분은 당신의 도덕적 상황을 바꾸기 위해 그렇게 하신 것이다.

하나님의 긍휼을 의지한 사람의 도덕적 상황은 바뀐다. 하나님은 "우리는 이 사람을 용서하겠다. 그가 결심했으니 우리는 그를 용서할 것이다. 그가 기도실로 들어갔으니 그를 용서할 것이다. 그가 교회에 등록할 것이니 우리는 그의 죄를 봐주겠다"라고 말씀하지 않으신다. 결코 그렇게 하지 않으신다. 그분이 속죄 받은 죄인을 바라보시는 눈길은, 죄를 여전히 사랑하는 죄인을 바라보시는 눈길과 다르다. 왜냐하면 전자의 도덕적 상황과 후자의 도덕적 상황은 완전히 다르기 때문이다. 여전히 죄를 사랑하면서 속죄의 신비를 거부하는 죄인을 바라보실 때, 그분의 공의는 그에게 사형선고를 내린다. 그분이 영원한 언약의 보혈을 받아들인 죄인을 바라보실 때 공의는 그에게 생명의 판결을 내린다. 전자이든 후자이든 하나님은 공의로우시다.

하나님이 죄인을 의롭다고 하실 때 그분의 모든 것은 죄인 편에 선다. 그분의 모든 속성이 죄인 편에 선다는 말이다. 공의가 그에게 사형선고를 내리려고 애쓰는 중에 긍휼이 그를 위해 변호하는 것이 아니다(종종 설교자들이 이런 식으로 말하는데, 그것은 잘못이다). 하나님의 모든 것이 그분이 행하시는 모든 것을 행하신다. 어떤 죄인이 그리스도의 속죄가 자기와 아무 관계가 없다고 판단하여 그것을 받아들이지 않을 때, 공의는 그가 죽어야 한다고 말한다. 반면, 어떤 죄인이 그리스도의 속죄를 받아들여서 자신이 속죄 받았음을 안다면, 공의는 그가 살아야 한다고 말한다. 의롭다 함을 얻은 죄인이 지옥에 갈 수 없듯이, 불의한 죄인은 천국에 갈 수 없다. 친구들이여! 왜 우리는 가만히 있는가? 왜 우리는 이토록 조용한가? 우리는 온 힘을 다해 기뻐하며 하나님께 감사해야 한다.

다시 말하지만, 공의는 하나님께 돌아온 죄인의 편이다. 요한일서 1장 9절에서는 "만일 우리가 우리 죄를 자백하면 그는 미쁘시고 의로우사 우리 죄를 사하시며 우리를 모든 불의에서 깨끗하게 하실 것이요"라고 말한다. 십자가 위에서 벌어진 하나님의 고통의 신비가 우리의 도덕적 상황을 바꾸어버렸기 때문에 공의는 이제 우리 편으로 넘어왔다. 공의가 우리에게서 불공평을 보지 않고 공평을 보기 때문에 우리가 의롭다 함을 얻은 것이다. 이것이 바로 '칭의'(稱義)이다.

### '이신칭의'의 진리

이신칭의(以信稱義), 즉 '믿음으로 의롭다 함을 얻는 것'을 믿는가? 오, 나의 형제여! 나는 물론 그 사실을 믿는다. 다윗도 이신칭의를 믿었고, 이를 시편 32편에 기록했다. 그 후 선지자들 중 한 사람이 그것을 인용했다. 사도 바울은 그것을 주제로 갈라디아서와 로마서에 기록했다. 그 후 오랜 세월이 지나는 동안 그것은 먼지가 수북이 쌓인 창고 속에 묻혀 있었다. 하지만 루터, 모라비아 교회(1457년 보헤미아에서 시작된 연합 형제단), 웨슬리 형제들 그리고 장로교인들이 그것을 밝은 햇빛 가운데로 끌어내어 세상에 널리 선포했다. 믿음으로 의롭다 함을 얻는다는 진리! 그렇다! 오늘날 우리는 바로 그 진리 위에 서 있다!

칭의는 우리의 입맛대로, 우리의 기분대로 아무렇게나 말할 수 있는 주제가 아니다. 우리는 하나님이 어떤 분이신지, 또 왜 이신칭의가 진리인지를 분명히 깨달아야 한다. 우리가 믿음으로 의롭다 함을 얻는 것은 하나님의 십자가 고난이 도덕적 상황을 바꾸어놓았기 때문이다. 우리가 바로 그 도덕적 상황이다. 하나님의 십자가 고난이 하나님을 바꾸어놓은 것이 아니다. 만일 누군가 "하나님께서 십자가를 보시고 그분의 노기 어린 찌푸린 얼굴을 펴시고 마지못해 미소를 짓기 시작하셨다"라고 말한다면, 그는 기독교적 사상을 말하는 것이 아니라 이교적 사상을 전하는 것이다.

하나님은 하나이시다. 한 분의 하나님이 계실 뿐만 아니라 그 한 분의 하나님은 분할할 수 없는 단일적 존재이시다. 즉, 그분은 자신과 하나이신 분으로 불가분(不可分)의 존재이시다. '하나님의 자비'라고 말할 때 그것은 단순히 '하나님이 자비로우시다'라는 뜻이다. '하나님의 공의'라고 말할 때 그것은 단순히 '하나님이 공의로우시다'라는 뜻이다. '하나님의 사랑'이라고 말할 때 그것은 단순히 '하나님께서 사랑이시다'라는 뜻이다. '하나님의 자비'라고 말할 때 그것은 '하나님께서 자비이시다'라는 뜻이다. 하나님의 속성은 그분에게서 나오는 어떤 것이 아니다. 그분의 속성은 바로 그분이시다.

CHAPTER

# 십자가 너머
# 부활의 능력을 바라보라

**구유와 십자가와 보좌**

이런 이야기를 하면 "또 그 소리를 하는구나"라는 눈총을 약간 받을 수도 있겠지만, 그럼에도 나는 우리 그리스도인이 우리의 교리 중 어떤 것을 강조하는지에 대해 한번 살펴볼 필요가 있다고 말하고 싶다.

우리가 진리의 능력을 알기 원한다면 그것을 강조해야 한다. 신조(信條)의 진리는 사람들이 파내주기를 기다리며 깊은 땅속에서 잠자고 있는 석탄과 같다. 석탄을 파내어 거대한 엔진의 연소실에 집어넣어라. 그러면 수 세기 동안 잠자고 있던 강력한 에너지가 빛과 열을 발하여 큰 공장의 기계들을 돌려 물건들을 만들어낼 것이다. 석탄에 대한 이론(理論)은 바퀴를 돌리거나 난로를 뜨겁게 만들 수 없다. 석탄이 제구실을 하려면 석탄의 능력이 방출되어야 한다.

우리는 그리스도의 속량 사역에서 세 개의 사건에 주목해야 한다. 첫째는 그리스도의 탄생이고, 둘째는 그리스도의 죽음이고, 셋째는 그리스도께서 높아지시어 하나님 우편에 앉으신 것이다. 이 세 가지는 기독교라는 성전을 떠받치는 세 개의 중요한 기둥이다. 인류의 모든 소망은 영원히 이 세 개의 기둥에 의존한다. 그리스도께서 행하신 그 밖의 모든 것은 이 세 개의 거룩한 사건들 때문에 의미를 갖는다.

물론 우리는 이 세 사건을 믿어야 한다. 그런데 그중에서 우리가 강조해야 할 것은 무엇인가? 어느 때든 우리가 가장 강조해야 할 것은 무엇인가? 성경은 우리에게 "예수님을 바라보라"라고 가르치는데, 그렇다면 우리는 그분의 어떤 모습을 바라보아야 하는가? 구유에 누우신 예수님을 보아야 하는가? 십자가에 달리신 예수님을 보아야 하는가? 아니면 보좌에 계신 예수님을 보아야 하는가? 이런 질문들이 학문적 질문은 아니다. 하지만 이런 질문들에 대한 올바른 대답을 얻는 것은 실제적 관점에서 우리에게 매우 중요하다.

물론 우리는 우리의 신조에 '구유'와 '십자가'와 '보좌'를 모두 집어넣어야 한다. 우리는 이 세 가지가 상징하는 모든 것을 믿어야 한다. 이 세 가지는 기독교 복음의 정확한 이해를 위해 반드시 필요하다. 우리는 우리의 신조에 담긴 어떤 교리도 포기하거나 완화해서는 안 되는데, 각각의 교리는 살아 있는 유대(紐帶)를 통해 서로 연결되어 있기 때문이다.

모든 교리는 언제나 보존되어야 한다. 하지만 그렇다고 해서 모든 교리가 언제나 똑같이 강조되어야 하는 것은 아니다. 이 점은 "지혜 있고 진실한 청지기가 되어 주인에게 그 집 종들을 맡아 때를 따라 양식을 나누어줄 자가 누구냐 주인이 이를 때에 그 종이 그렇게 하는 것을 보면 그 종은 복이 있으리로다"(눅 12:42,43)라는 우리 주님의 말씀에서도 간접적으로 언급된다.

**보좌에 앉으신 어린양을 바라보자**

마리아는 첫 아들을 낳아 강보에 싸서 구유에 뉘었다. 동방에서 박사들이 와서 경배했고, 목자들이 기이히 여겼고, 천사들은 인간들에게 주어지는 하나님의 평강과 은혜를 찬양했다. 이 모든 것을 한 폭의 그림에 담는다면 이 세상 모든 문학작품에 등장하는 그 무엇보다도 아름답고 매력적이고 고상할 것이다. 그리스도인들이 구유와 온유한 눈빛의 동정녀 마리아와 아기 예수를 그토록 강조하는 것이 충분히 이해가 된다. 어떤 기독교 교파에서는 구유에 누인 아기를 매우 강조했다. 내가 볼 때 이런 것이 이해되지 않는 것은 아니지만 강조점이 잘못되었다. 그리스도는 인간이 되기 위해 태어나셨다. 그리고 그분이 인간이 되신 것은 많은 사람을 위해 자신을 대속물로 주시기 위함이었다. 하지만 그리스도의 탄생이나 죽음이 그 자체로서 목적은 아니었다. 그리스도의 탄생은 십자가에서 돌아가시기 위함이었고, 그리스도의 죽음은 속죄를 위함이었고, 그리스도의 부활은 그분을 피난처로 삼는 모든 사람을 값없이 의롭다고 칭하기 위함이었다. 그리스도의 탄생과 죽음은 지나간 역사이다. 하지만 그분이 하늘나라 보좌에 앉으신 것은 지나간 역사가 아니라 언제나 계속되는 현재의 사건이다. 성경을 잘 배운 그리스도인의 믿음의 눈에는 그것이 가장 영광스런 사실로 보인다.

우리는 강조점을 바로 잡을 필요가 있다. 구유에는 연약함이 있고, 십자가에는 죽음이 있지만, 보좌에는 능력이 있다. 우리의 그리스도께서는 구유에 계시지 않다. 신약의 신학은 아기 그리스도를 구원의 신앙의 대상으로 제시하지 않는다. 구유만을 제시하는 복음은 '다른 복음'이고, 결국 복음이 아니다. 아직도 구유 주변을 떠나지 못하는 교회는 연약한 감상적(感傷的) 교회이다. 그런 교회는 감상(感傷, sentimentality)을 성령의 능력으로 착각한다.

베들레헴의 구유에 아기가 누워 있지 않듯이 예루살렘의 십자가에 그분이 달려 있지 않다. 구유에 누워 있는 아기나 십자가에 달려 있는 분을 경배하는 것은 하나님의 속량의 과정과 그분의 영원한 계획의 시계를 거꾸로 돌리는 것이다.

만일 교회가 십자가를 가장 강조한다면 우울한 비관주의와 열매 없는 회한(悔恨)만 있을 뿐이다. 병자가 십자가에 못 박힌 예수상(像)을 끌어안고 죽는다 할지라도 그것은 아무 의미가 없다. 두 사람이 한 침대에서 그렇게 죽는다 할지라도 그들은 서로에게 아무런 도움도 줄 수 없다.

기독교의 영광은 우리의 죄를 위해 돌아가신 그리스도께서 우리의 칭의(稱義)를 위해 다시 사셨다는 것이다. 우리가 그분의 탄생을 기뻐하며 기억하고 그분의 죽음을 감사하며 묵상해야 하지만, 우리의 모든 소망의 면류관은 아버지 우편에 계신 그리스도에게 있다.

바울은 십자가를 자랑했고, 그리스도와 십자가에 못 박히신 그분 외에는 그 어떤 것도 전하지 않았다. 하지만 그에게 있어서 십자가는 그리스도의 속량 사역 전체를 상징했다. 서신서에서 그는 그리스도의 성육신(成肉身)과 십자가 사건에 대해 언급하지만, 구유나 십자가에서 멈추지 않고 그리스도의 부활과 승천과 보좌에 앉으심까지 우리의 생각을 이끌고 간다.

부활하신 우리의 주님은 하늘로 오르시기 전에 "하늘과 땅의 모든 권세를 내게 주셨으니"(마 28:18)라고 말씀하셨고, 최초의 그리스도인들은 그분의 말씀을 믿고 세상으로 나가서 그분의 승리의 소식을 전했다. 사도행전은 "사도들이 큰 권능으로 주 예수의 부활을 증언하니 무리가 큰 은혜를 받아"(행 4:33)라고 증언한다.

교회가 구유의 연약함과 십자가의 죽음에서 강조점을 옮겨 보좌에 앉으신 그리스도의 생명과 능력을 드러낸다면, 교회의 잃어버린 영광이 회복될 것이다. 그것은 노력해볼 만한 충분한 가치가 있는 일이다.

# 십자가는 우리를
# 더 깊은 삶으로 인도한다

## 더 깊은 삶이란

'더 높은 단계의 그리스도인의 삶'을 이루겠다는 적극적 운동이 미국에서 지난 몇 년 동안 일어났다는 사실이 이제 점점 더 분명히 드러나고 있다.

성결 운동을 벌이는 다양한 교파들이 사실상 무력해지고 대부분의 근본주의 교회들이 팥죽 한 그릇을 위해 장자권을 팔아 버리자 그에 대한 반동적(反動的) 운동이 현대 그리스도인들 가운데서 일어났다. 내가 볼 때, 이 운동은 한 개인이나 어떤 한 지역에서 시작된 것이 아니다. 그것은 다양한 교파적 배경을 가진 많은 그리스도인의 영적 욕구가 분출되면서 시작된 운동이다. 그것은 조직화된 운동이 아니다. 특정 지역을 관리하는 본부들도 없고, 조직을 관리하는 임원들도 없고, 회비를 내는 회원들도 없다. 그것의 영향력이 소리 없이 부지중에 현대의 복음주의에 침투했기 때문에 그것은 이 땅의 매개체나 인간의 사전적(事前的) 인식 없이 '임의로 부는 바람'에 비유될 수 있다. 이 운동이 새로운 교리나 독특한 사상을 내세우는 것은 아니지만, 이 운동을 추종하는 사람들은 언제 어디서나 서로를 알아보고 교파의 경계를 뛰어넘어 따뜻한 악수를 나누며 서로를 "형제여!" 또는 "자매여!"라고 부른다.

빠른 속도로 증가하는 신앙인들이 이 '더 깊은 삶'에 대해 갖는 관심의 증대는 대단하다. '더 깊은 삶'이라는 말 자체는 새로운 것도 아니고 어떤 특정 교파나 특정 학파의 전유물도 아니다. 교회 역사의 다양한 시대에서 이 말 또는 이 말과 비슷한 말은 평범한 신앙적 체험에 반기를 드는 현상을 묘사할 때 사용되었다. 또 그런 말들은 기독교 메시지의 깊은 영적 및 내적 능력의 부재에 불만을 느끼며 그런 능력을 추구하는 소수 사람들의 갈망을 표현하는 데 사용되었다.

믿음을 고백하는 그토록 많은 그리스도인이 '더 깊은 삶'에 관심을 갖는다는 사실은 그들의 영적 경험이 만족스럽지 못했음을 보여주는 무언의 증거이다. 많은 사람이 자신을 살펴보았지만 자신에게 실망했다. 그들은 믿음을 고백하는 다른 그리스도인들과 대화를 나누어보았지만 그들이 자기보다 나을 것이 없다는 것을 알게 되었다. 그들은 자기가 날마다 경험하는 것보다 더 훌륭하고 더 아름답고 더 깊은 무엇이 틀림없이 있을 것이라는 희망 섞인 추측을 해보았다. 그리하여 그들은 '더 깊은 삶'의 옹호자들을 찾아내어 진지하게, 때로는 조심스럽게 그들의 이야기를 들어보고 성경의 어떤 부분에서 '더 깊은 삶'에 대한 교훈을 얻을 수 있느냐고 물었다.

'더 깊은 삶'은 평균적인 수준보다 훨씬 앞서고 신약의 기준에 더 가까워진 '성령 안에서의 생활'을 의미하는 것으로 이해되어야 한다. '더 깊은 삶'이라는 표현이 가장 적절한 표현인지 아닌지 나는 모르겠지만, 현재로서는 더 좋은 표현이 없으므로 우리는 그냥 이 표현을 계속 사용하게 될 것이다. 우리가 전달하려고 하는 의미를 담은 성경의 표현들이 많이 있지만, 그런 표현들은 현재 흔히 볼 수 있는 평범한 것들을 뜻하는 말로 전락해버렸다. 그 결과, 그런 표현들이 평범한 성경 교사들에 의해 사용될 때, 그것들은 영감을 받아 성경을 기록한 사람들이 본래 표현하려고 했던 것과는 다른 것을 의미하게 된다.

이런 불행한 현실은 우리의 경험을 하나님 말씀의 수준까지 끌어올리지 않고 대신 하나님 말씀을 우리의 수준으로 끌어내린 우리에게 떨어진 형벌이다. 높은 수준을 나타내는 성경의 표현들을 우리의 낮은 수준의 영적 삶을 묘사하는 데 사용하게 되면, 우리에게는 다른 더욱 정확한 표현들이 필요하게 된다. 가르치는 자와 배우는 자가 사전(事前)에 서로 동의하고 이해한 표현들을 사용할 때만 비로소 양자 간에 의사소통이 가능해진다. 그렇기 때문에 나는 '더 깊은 삶'의 의미를 정의한 것이다.

'더 깊은 삶'은 또한 '승리의 삶'이라고 불려왔다. 하지만 나는 '승리의 삶'이라는 표현을 좋아하지 않는다. 이 표현은 그리스도인의 삶의 한 가지 특징에만 초점을 맞춘다는 인상을 주기 때문이다. 그 한 가지 특징이란 개인의 죄를 극복하는 승리를 의미한다. 물론 개인의 죄를 극복하는 승리가 중요한 것은 사실이지만 '더 깊은 삶'의 한 부분에 불과하다. 그런 승리가 아무리 필수적인 것이라 할지라도, '더 깊은 삶'이 의미하는 '성령 안에서의 삶'은 그런 승리보다 훨씬 더 넓고 풍성한 것이다.

**주님의 요구에 순종하는 삶을 살아라**

'더 깊은 삶'에는 그리스도의 내주(內住), 하나님을 예민하게 의식(意識)하는 것, 기쁨으로 충만한 예배, 세상으로부터의 분리, 기쁨으로 모든 것을 하나님께 드리는 것, 삼위일체와의 연합, 하나님의 임재 연습, 성도의 교제, 그리고 쉬지 않는 기도가 포함된다.

이런 '더 깊은 삶'으로 들어가려고 하는 사람은 의심 없이 신약성경을 영적 문제의 유일한 최종적 권위로 인정하고 받아들일 준비가 되어 있어야 한다. 그리스도를 자기 삶의 최고 통치자로 모실 준비가 되어 있어야 한다. 자신의 존재 전체를 십자가의 파괴력(破壞力)에 맡길 용의가 있어야 한다. 십자가의 파괴력에 굴복할 때 비로소 우리는 우리의 죄에 대해 죽을 뿐만 아니라 우리의 의(義)에 대해 죽고 또 우리가 전에 자랑으로 삼았던 모든 것에 대해 죽을 수 있다.

당신은 이런 것들이 너무 큰 희생이라고 생각하는가? 그렇다면 그리스도께서 그분의 뜻에 따라 우리에게 어떤 요구라도 하실 수 있는 주님이시라는 사실을 기억하라. 그리스도는 우리에게 날마다 자신을 부인하고 십자가를 지라고 요구하실 수 있다. 그분의 요구에 순종하는 자에게 임하는 강력한 성령의 기름부음은 그가 포기한 것보다 무한히 더 큰 것을 안겨준다. 이런 길은 힘든 길이지만 분명히 영광스러운 길이다. 이 길이 결국에는 즐거운 길이라는 것을 아는 사람은 자기가 잃어버린 것에 대해 불평하지 않는다. 그는 자기가 얻은 것에 대해 떨 듯이 기뻐한다.

PART 2

# 철저한 십자가:
# 그것을 위한 대가

그리스도는 '십자가에 이르는 길'을 선택함으로써 십자가를 선택하셨다.
그분을 따르는 그리스도인들에게 있어서도 이것은 마찬가지이다.
'순종의 길'에는 십자가가 서 있다. 그 길로 들어설 때 우리는 십자가를 지는 것이다.

# 성도는
# 홀로 걸어야 한다

### 고독했던 신앙의 위인들

역사상 위대한 사람들은 대부분 외로웠다. 고독은 성도가 성도로 살아가기 위해 지불해야 할 한 가지 대가인 것 같다.

인류 역사의 아침에, 다시 말해서 인간 창조의 새벽 직후에 찾아온 저 이상한 어둠의 때에 경건한 사람 에녹은 하나님과 동행했다. 그러다가 그가 세상에서 보이지 않게 되었는데, 하나님께서 그를 데려가셨기 때문이다. 성경에 에녹에 대한 기록이 많지는 않지만 우리는 그가 그 시대의 사람들과 전혀 다른 길을 걸었다는 것을 쉽게 짐작할 수 있다.

외롭게 살았던 사람을 또 찾자면 노아가 있다. 그는 대홍수

이전에 살았던 사람들 중에서 하나님께 은혜를 입은 사람이었다. 노아에 대한 단편적인 정보를 종합해볼 때 우리는 그가 사람들에게 둘러싸여 살았다 할지라도 사실은 외로웠다고 결론 내리지 않을 수 없다.

아브라함을 보자. 물론 그에게는 아내 사라와 조카 롯이 있었고 또 많은 종들과 목자들이 있었다. 하지만 그의 이야기와 그에 대한 사도의 설명을 성경에서 읽은 사람이라면 그가 외로운 별 같은 사람으로 홀로 거했다는 것을 즉시 느낄 수 있다. 우리가 아는 한, 하나님께서는 다른 사람들이 있는 곳에서는 그에게 단 한마디 말씀도 하지 않으셨다. 그는 얼굴을 숙이고 하나님과 대화를 나누었는데, 본래 위엄 있는 성품을 타고난 그는 다른 사람들 앞에서는 그런 자세를 취하지 않았을 것이다. 그 희생제사의 밤, 즉 타는 횃불이 쪼갠 고기 사이로 지나간(창 15:17) 그날 밤의 장면이 얼마나 아름답고 엄숙한가! 그가 희생제사를 드리는 곳에 혼자 있을 때 큰 흑암과 두려움이 그에게 임했으며, 그는 하나님의 음성을 들었고 자기가 하나님께 은혜를 입은 사람이라는 것을 알았다.

모세도 역시 외로운 사람이었다. 바로의 궁전에 살 때도 그는 사람들을 거의 찾아볼 수 없는 먼 곳까지 혼자 산책을 하곤 했다. 그러다가 어느 날 여느 때처럼 먼 곳으로 산책을 나갔던 그가 애굽 사람과 히브리 사람이 싸우는 것을 보고 그의 동족인 히브리 사람을 구해주었다. 그 사건 때문에 애굽에서 도망친 그는 사람들이 거의 살지 않는 광야에 거했다. 그곳에서 혼자 양을 치던 중 그는 불타는 떨기나무의 기적을 보게 되었다. 그 후에 그는 시내 산의 꼭대기에서 홀로 웅크린 채 불과 구름 가운데서 부분적으로 가려지고 부분적으로 나타난 하나님의 임재를 외경심에 사로잡혀 바라보았다.

신약 시대 이전에 살았던 선지자들은 서로 많이 달랐지만 그들에게는 한 가지 공통점이 있었다. 그것은 그들이 '강요된 고독'을 견딜 수밖에 없었다는 것이다. 물론 그들은 그들의 민족을 사랑하고 조상들의 신앙을 자랑스럽게 여겼다. 하지만 아브라함과 이삭과 야곱의 하나님에 대한 충성심과 이스라엘 민족의 유익을 갈망하는 열정 때문에 그들은 사람들이 많은 곳을 피하여 오랜 세월 동안 외로운 고난의 길을 가지 않으면 안 되었다. 그들 중 한 사람은 "내가 나의 형제에게는 객이 되고 나의 어머니의 자녀에게는 낯선 사람이 되었나이다"(시 69:8)라고 외쳤는데, 이 외침은 그들의 입장을 부지중에 대변하고 있다.

### 자신의 십자가는 홀로 져야 한다

하지만 가장 외로웠던 분은 모세와 모든 선지자가 예언했던 분, 즉 예수 그리스도이셨다. 예수 그리스도가 십자가를 향해 고독한 발걸음을 옮기실 때 그분의 주변을 따르던 무수한 군중은 그분의 고독을 조금도 덜어드리지 못했다.

한밤중 감람산의 산마루에
며칠 동안 별은 흐렸다.
한밤중 겟세마네 동산에서
고난의 주님이 홀로 기도하신다.
한밤중 아무도 없는 데서
구주께서 홀로 두려움과 싸우신다.
그분이 사랑하시는 제자들조차
그분의 슬픔과 눈물을 생각하지 못하는구나.
- 윌리엄 B. 태편(William B. Tappan)

그리스도는 어둠 가운데 고독 속에서 돌아가셨지만 사람들은 그것을 보지 못했다. 그분이 승리 가운데 부활하여 무덤 밖으로 걸어 나오실 때도 아무도 그것을 보지 못했다(물론 그 후 많은 사람이 그분을 보고 자기들이 본 것을 증언한 것은 사실이다).

어떤 것은 너무나 거룩하기 때문에 인간의 눈으로는 볼 수 없고 오직 하나님만이 보실 수 있다. 호기심에 이끌려 덤벼드는 것, 소리 높여 자기 주장을 펴는 것, 도움을 주겠다는 좋은 의도로 나서지만 실수로 일을 망치는 것 등이 문제를 일으킨다. 이런 것들은 진지하게 기다리는 사람을 방해할 뿐이다. 이런 것들이 하나님을 경배하는 사람에게 하나님의 은밀한 메시지를 전달하는 것을 불가능하게 만들지는 않는다 할지라도 어렵게 만드는 것은 사실이다.

어떤 말을 들었을 때 종종 우리는 습관으로 굳어진 신앙적 언어를 대뜸 쏟아낸다. 물론 그런 언어는 온당한 말이지만, 우리의 진짜 감정을 표현하지 못하며 개인의 진실한 체험을 담아내지도 못한다. 사실, 지금 그런 현상이 두드러지게 나타나고 있다. 인습적인 성실성에 사로잡혀 있는 사람이 '하나님의 사람들은 외롭다'는 생소한 진리를 지금 처음 듣는다면, 그는 아마 밝은 목소리로 이렇게 말할 것이다.

"오, 나는 외로운 적이 없습니다. 하나님께서 '내가 너를 떠나지 아니하며 버리지 아니하리니'(수 1:5)라고 말씀하셨고, 예수님도 '내가 … 너희와 항상 함께 있으리라'(마 28:20)라고 말씀하셨습니다. 예수님이 나와 함께 계신데 내가 어찌 외로울 수 있습니까?"

물론 나는 그렇게 말하는 그리스도인의 진실성을 의심하지는 않는다. 하지만 그런 교과서적인 대답은 너무 딱 부러지기 때문에 오히려 의심을 산다. 그런 말은 그렇게 말하는 사람의 희망 사항을 표현한 것이지 그의 체험을 표현한 것이 아니다. 자기는 외로운 적이 없다고 밝은 목소리로 말하는 사람을 볼 때, 나는 주변 사람의 도움과 격려조차 끊어진 상태에서 하나님과 동행해본 경험이 그에게 없었다고 단정 짓지 않을 수 없다. 그는 그리스도의 임재 때문에 외롭지 않았다고 말하지만 아마도 그는 주변의 친한 사람들의 임재를 그리스도의 임재라고 착각했을 것이다.

십자가를 다른 사람들과 함께 공동으로 지고 갈 수 없다는 진리를 항상 명심하라. 당신 주위에 무수한 사람이 있다 할지라도 당신의 십자가는 오직 당신의 것이다. 십자가를 져야 하기 때문에 당신은 그들 속에서 외롭지 않을 수 없다. 당신 주변의 세상이 당신에게 등을 돌린 것이다. 만일 그렇지 않다면 당신의 십자가는 십자가가 아니다. 십자가를 져야 하는 사람에게는 친구가 없다. 예수님이 체포되셨을 때 일어난 일에 대해 성경은 "제자들이 다 예수를 버리고 도망하니라"(막 14:50)라고 기록했다.

### 고독이라는 대가를 지불하라

고독이 고통을 주는 이유는 우리의 본성 때문이다. 하나님께서는 우리가 서로 어울려 살도록 우리를 지으셨다. 사람들과 함께 어울리고 싶은 욕구는 지극히 자연스럽고 정당한 것이다. 그리스도인이 외로운 이유는 경건하지 못한 세상에서 하나님과 동행하기 때문이다.

그런데 그분과 동행하려는 사람은 종종 거듭나지 못한 세상 사람들과의 교제뿐만 아니라 선한 그리스도인들과의 교제까지도 포기해야 한다. 하나님께서 주신 본능 때문에 그는 자신과 동일한 종류의 사람들과 어울리기를 갈망한다. 다시 말해서 그는 자신의 동경과 열망을 알아주고, 그가 그리스도의 사랑에 푹 빠지는 것도 이해해줄 사람들과 어울리기를 갈망한다. 하지만 그의 내적 체험에 동참할 사람이 그의 친구들 중에 거의 없기 때문에 그는 홀로 걸을 수밖에 없다. 선지자들도 사람들에게 이해받고 싶은 욕구가 좌절되었을 때 하소연했다. 심지어 우리 주님도 주변 사람들의 몰이해(沒理解) 때문에 고통당하셨다.

하나님과의 깊은 교제 속으로 들어간 사람이 자신을 이해해줄 사람을 만나는 경우는 흔하지 않다. 그가 교회의 일반적인 활동을 통해 신앙인들과 어울릴 때 그의 교제의 욕구가 어느 정도 충족되는 것은 사실이지만, 깊은 영적 교제를 나눌 사람을 찾기는 어렵다. 그는 그런 현실을 받아들여야 한다. 왜냐하면 그는 이 땅에서 나그네요 순례자이며, 그의 여행은 발로 하는 여행이 아니라 마음으로 하는 여행이기 때문이다.

그는 자신의 영혼의 동산에서 하나님과 함께 걷는다. 그곳에서 그와 함께 걸을 수 있는 분은 오직 하나님뿐이시다. 그의 마음은 주님 집의 뜰을 밟는 수많은 사람의 마음과 다르다. 그는 다른 사람들이 말로만 들은 것을 눈으로 보았다. 그가 그들 중에서 행하는 것은 성소(聖所)에서 나온 사가랴가 백성들 중에서 행한 것에 비유될 수 있다. 성소에서 나온 사가랴가 아무 말도 하지 못했을 때, 백성들은 자기들끼리 "사가랴가 환상을 본 것이 틀림없다"라고 수군거렸다(눅 1:22 참조).

진정으로 신령한 사람에게는 보통 사람들이 이해하지 못하는 부분이 있다. 그는 자기 자신을 위해 살지 않고 '다른 분'의 뜻을 이루기 위해 산다. 그는 주님께 모든 것을 바치라고 사람들을 설득하며, 자기의 몫을 구하지 않는다. 그는 자기가 높아지는 것을 기뻐하지 않고 그의 구주께서 사람들에게 영광 받으시는 것을 기뻐한다. 그는 주님이 높아지시고 자기가 낮아지는 것을 기뻐한다. 그는 자신의 최고 관심사에 대해 이야기하기를 원하지만 대화 상대를 찾는 것이 무척 어렵다. 그렇기 때문에 다른 사람들이 신앙에 대해 시끄럽게 이런저런 얘기를 나눌 때 혼자 침묵하며 자기의 생각에 빠지게 된다. 그리하여 사람들은 그가 지나치게 진지하고 재미없는 사람이라고 여겨서 피하게 되고, 그와 사람들 사이는 점점 벌어진다. 그는 상아궁에서 나오는 몰약과 침향과 육계의 향기가 나는 옷을 입은 사람을 찾지만(시 45:8 참조), 그런 사람을 거의 또는 전혀 발견할 수 없기 때문에 예수님의 어머니 마리아처럼 자기의 생각을 겉으로 표현하지 않는다.

그런 고독 때문에 그는 다시 하나님을 의지하게 된다. 시편 기자는 "내 부모는 나를 버렸으나 여호와는 나를 영접하시리이다"(시 27:10)라고 말한다. 사람들에게서 교제의 대상을 찾기 힘들다고 느낀 그는 다른 곳에서 찾을 수 없는 것을 하나님으로부터 찾으려고 노력하게 된다. 내적 고독을 통해 그는 군중 속에서 배울 수 없었던 것을 배우게 된다. 다시 말해서, '그리스도께서 모든 것이시다'라는 것을 배우게 된다.

또한 우리가 그분 안에서 인생의 최고선(最高善)을 얻도록 하기 위해 그분이 우리에게 지혜와 의(義)와 거룩함과 구속(救贖)이 되셨다는 것을 배우게 된다.

### 고독한 사람의 특징

나는 두 가지를 분명히 언급하고 싶다.

첫째, 내가 말하는 외로운 사람은 "내가 너보다 거룩하다"라고 말하는 오만한 사람도 아니고, 대중문학에서 신랄하게 비꼬는 금욕적인 성자도 아니다. 그는 자기가 모든 사람들 중에서 가장 작은 자라고 느끼고 자기의 고독에 대해 자신을 책망한다. 그는 자기의 감정을 다른 사람들과 나누기를 바라고, 자기를 이해해줄 수 있는 비슷한 사람에게 마음을 열기 원한다. 다만 그의 주변의 영적 환경이 따라주지 못하기 때문에 침묵을 지키며 하나님께만 자기의 슬픔을 말씀드리는 것이다.

둘째, 외로운 성도는 다른 사람들의 고통을 외면한 채 혼자 틀어박혀서 천국을 묵상하며 세월을 보내는 사람이 아니다. 오히려 그 반대이다. 자기가 외롭기 때문에 그는 상심한 사람이나 타락한 사람이나 죄 때문에 괴로워하는 사람이 자기에게 다가오는 것을 좋아한다. 자기가 세상에서 멀어져 있기 때문에 그는 남들에게 도움을 주는 것을 그만큼 더 좋아한다. 마이스터 에크하르트(Meister Eckehart, 1260~1327. 독일 도미니크파의 신학자이며 독일 신비주의의 대표적 사상가)는 그의 추종자들에게 이렇게 가르쳤다.

"당신이 기도 중일 때, 어쩌면 당신이 '셋째 하늘에 이끌려 가 있을 때'(고후 12:2)라도 당신의 머릿속에 음식이 필요한 가난한 과부가 떠오른다면 그 즉시 기도를 멈추고 가서 그 과부에게 도움을 주십시오. 그렇게 한다 할지라도 하나님께서는 당신에게 아무 손해가 없도록 하실 것입니다. 중단된 기도를 다시 시작하면 하나님께서 당신의 기도를 끝까지 들어주실 것입니다."

이런 정신은 사도 바울부터 현대에 이르기까지 위대한 신비가(神秘家)들과 영성의 대가들에게서 특징적으로 나타난다.

그토록 많은 현대 그리스도인들의 약점은 그들이 세상에서 너무 편하다는 것이다. 거듭나지 못한 사회에 편하게 적응하려고 노력하는 과정에서 그들은 순례자라는 그들의 특징을 잃어버렸다. 그들은 세상의 잘못된 도덕에 대항하라는 사명을 받고 세상에 보냄을 받았지만, 오히려 세상 도덕체계의 필수적 부분으로 전락하고 말았다. 세상은 그들의 현재 모습을 보고 그들을 인정해주고 받아들여준다. 이것은 그들에게 일어날 수 있는 가장 슬픈 일이 일어난 것이다. 그들은 외롭지 않고 성도도 아니다.

# 주님은 완전한 헌신을 원하신다

### 그리스도 한 분으로 충분하다

예수 그리스도는 교회의 근본이시며, 교회의 반석이시다. 구속 공동체 전체는 주 예수 그리스도라는 반석 위에 서 있다. 이런 말이 진부한 이야기처럼 들릴 것이라는 사실을 나는 잘 안다. 하지만 나는 내 이야기에서 진부한 요소가 다 빠져나가도록 아주 큰소리로 그것을 외치고 싶다. 그러면 그것이 마치 처음 듣는 이야기처럼 당신에게 들릴 것이다. 다시 한 번 외치지만, 하나님의 교회 전체는 그분의 아들의 두 어깨 위에 서 있다! 우리는 온 세상을 돌아다니며 "그리스도 한 분으로 충분하다!"라고 외칠 수 있다. 그렇다! 그분이면 충분하다.

오늘날 복음주의에 속한 우리가 왜 이토록 약한가? 그것은 그리스도 다음에 플러스(+) 부호를 붙이기 때문이다. 다시 말해서, 그리스도에게 무엇을 덧붙이기 때문이다. 그런 덧붙임 때문에 우리 각자의 영적 생활이 무너지고 교회가 약해지는 것이다. 하나님은 그분의 아들 그리스도만으로 충분하다고 선언하셨다. 그리스도가 길이요 진리요 생명이시다. 그분이 지혜요 의(義)요 거룩함이요 속량(贖良)이시다. 그분이 하나님의 지혜요 하나님의 능력이시다. 그분은 만물을 그분 안에 붙들고 계신다. 만물이 그분 안에 함께 서 있다. 그러므로 우리는 예수 그리스도에 어떤 다른 것을 덧붙이는 것을 원하지 않는다.

복음주의 신앙을 가진 우리는 그리스도 플러스 과학, 그리스도 플러스 철학, 그리스도 플러스 심리학, 그리스도 플러스 교육, 그리스도 플러스 문명 같은 것들을 전해서는 안 되고 오직 그리스도만을 전해야 한다. 그분이면 충분하다. 과학, 철학, 심리학, 교육, 문명 같은 것들은 그것들 나름대로 역할이 있기 때문에 적절한 곳에서 사용되면 된다. 하지만 그런 것들을 의지해서는 안 된다. 우리는 우리의 믿음의 조상이 가졌던 신앙의 근본이신 분을 의지해야 한다.

또한 그리스도께서는 탁월하시다. 그분은 만물 위에 계시고 만물 아래에 계시고 만물 밖에 계시고 만물 안에 계신다. 옛날의 어떤 감독은 다음과 같이 말했다.

"그분은 만물 위에 계시지만 만물을 떠나 계시지 않는다. 그분은 만물 아래에서 만물을 떠받치고 계시고, 만물 밖에서 만물을 품고 계시고, 만물 안에서 만물을 채우고 계신다."

따라서 우리에게 중요한 것은 무엇인가? 그것은 우리와 예수 그리스도 사이의 관계이다! 진정한 그리스도인의 신앙은 예수 그리스도께 종속되는 신앙이다.

### 지적으로 그리스도께 종속되라

온전한 헌신 가운데 그리스도를 따른다는 것은 그분께 지적(知的)으로 종속된다는 것을 의미한다. 바꿔 말하면, 그리스도를 생각할 때 느끼는 감정이나 얼핏 스치는 시적(詩的) 착상을 따라가서는 안 된다. 오늘날 가짜 그리스도들이 아주 많이 등장했다. 우리는 그들의 정체를 폭로해야 하고, 그 다음에는 세상 죄를 지고 가신 하나님의 어린양을 보여주어야 한다. 옛 청교도 존 오웬(John Owen, 1616~1683. 잉글랜드의 비국교도 교회 지도자 및 신학자)은 그 시대의 사람들에게 "당신들은 상상 속의 그리스도를 믿고 있다. 상상 속의 그리스도로 만족한다면 상상 속의 구원으로 만족해야 할 것이다"라고 경고했다.

잘라 말하건대, 오직 하나의 그리스도만이 존재하신다. 정말로 구원받은 사람은 지적으로 그리스도에게 종속된다. 지적으로 그리스도께 종속된다는 것은 그분이 누구이신지를 성경에 근거하여 정확히 안다는 것을 의미한다. 우리가 알다시피 다른 그리스도들이 많이 나왔다. 낭만적 소설가가 만들어낸 낭만적 그리스도, 절반만 회심한 카우보이의 감상적(感傷的) 그리스도, 책이나 꽤 읽었다는 지식인의 철학적 그리스도, 유약한 시인의 포근한 그리스도가 있으며, 최우수선수로 이름을 날리는 근육질 그리스도도 있다. 그러나 참된 그리스도는 오직 한 분이시고, 하나님께서는 그 그리스도가 그분의 아들이라고 말씀하셨다.

나는 기독교 신조(信條)들이 고백하는 그리스도를 믿는다. 신조들이 고백한 그리스도에 대해 들어보자.

"그리스도는 성부 하나님의 본질을 가진 하나님으로서 만세 전에 나셨다. 그리스도는 그분의 어머니의 본질을 가진 인간으로서 이 세상에서 나셨다. 그분은 완전한 하나님이요 완전한 인간으로서 이성적 영혼과 그 영혼을 담고 있는 인간의 육체를 가지셨다. 그분은 신성(神性)에 있어서는 성부 하나님과 동등하시고 인성(人性)에 있어서는 성부 하나님보다 낮으시다. 비록 그분이 하나님이요 인간이시지만 두 그리스도가 아니라 한 그리스도이시다. 우리가 이성적 영혼과 인간의 육체를 가진 한 인간이듯이 신인(神人)이신 그분은 한 그리스도이시다."

우리가 숭모하는 그리스도는 이런 분이시다. 우리는 이 사실을 제대로 알아야 한다. 다시 말해서, 사람들은 기독교 교리가 가르치는 그리스도를 알아야 하고 그분께 지적으로 종속되어야 한다. 그들은 하나님의 그리스도를 믿어야 한다. 하나님께서 증거하신 그리스도를 믿어야 한다.

### 의지를 거룩하게 해야 한다

또한 우리는 그리스도께 의지적(意志的)으로 종속되어야 한다. 일시적 충동이나 갑자기 떠오르는 생각에 의해 살아가려고 애쓰는 그리스도인들, 또는 기복이 심한 감정의 바다를 항해하여 천국에 이르기를 바라는 그리스도인들은 아주 나쁜 실수를 범하고 있는 것이다. 감정에 의존하여 사는 그리스도인들은 잘 사는 것이 아니며 오래 지속할 수도 없다.

옛날의 저술가들은 영혼의 깊은 밤에 대해 말하곤 했다. 때때로 그리스도인들은 어둠과 슬픔의 골짜기를 통과해야 한다. 하나님께서는 우리를 셀로판종이에 곱게 싸서 마치 크리스마스트리에 대롱대롱 달린 장식품처럼 우리를 그분의 옆구리에 달고 천국으로 날아오르시는 것이 아니다. 우리를 천국으로 데려가시기 전에 그분은 우리를 깨끗게 하시고, 연단하시고, 불가운데로 지나게 하시고, 강하게 하시고, "감정과 신앙은 다른 것이다"라고 가르쳐주신다(물론 감사하게도, 신앙이 때때로 감정을 불러일으킬 수는 있다).

참된 그리스도의 추종자들은 그들의 의지(意志)를 거룩하게 해야 한다. 그들은 의지가 없는 사람이 되어서는 안 된다. 나는 '더 깊은 삶'을 살기 위해서는 하나님께서 우리의 의지를 멸하셔야 한다고 믿은 적이 없다. 하나님은 우리의 의지가 그분의 의지와 연합하게 하시는데, 그렇게 되면 우리의 의지가 그분의 의지 안에서 강하게 된다.

**정의를 사랑하고 악을 미워하라**

우리가 그리스도께 종속된다는 것은 그분과 반대되는 모든 것들을 거부한다는 것을 의미한다. 이 시대는 사람들에게 "100퍼센트 긍정적인 사람이 되라"고 가르친다. 그러나 성경은 예수님에 대해 "왕은 정의를 사랑하고 악을 미워하시니"(시 45:7)라고 말한다. 이 말씀은 거룩한 그리스도에 대한 말씀인데, 그리스도는 지극히 높은 하늘보다 높은 분이요, 죄인들과 완전히 구별되는 분이시다. 그분이 사랑하기 위해 미워하셔야 한다면 당신과 나도 그렇게 해야 한다. 무조건 100퍼센트 긍정적이 된다는 것은 숨을 내쉬지는 않고 항상 들이쉬기만 하는 것에 비유할 수 있다. 만일 그렇게 한다면 죽고 말 것이다.

산소를 얻기 위해 숨을 들이쉬고 이산화탄소를 내보내기 위해 숨을 내쉬어야 인체가 살아갈 수 있다. 마찬가지로, 그리스도의 교회도 숨을 들이쉬고 또 숨을 내쉬어야 한다. 숨을 들이쉰 다음에는 다시 내쉬어야 한다. 즉, 그리스도의 교회는 성령을 받아들여야 하고, 또 성령께 어긋나는 모든 것을 내보내야 한다.

미워해야 할 것을 미워해야 진정한 사랑이 가능하다. 마귀를 미워하지 않으면 하나님을 사랑할 수 없다. 죄를 미워하지 않으면 의를 사랑할 수 없다. 성경의 분명한 교훈에 따르면, 우리가 어떤 것들을 받아들이기 위해 어떤 것들을 버려야 한다. 어떤 것들을 긍정하기 위해 어떤 것들을 부정해야 한다. '예스'라고 말하기 위해 '노'라고 말할 수 있어야 한다.

### 그리스도의 모든 것을 받아들여라

마지막으로 말하고 싶은 것은 수용적(受容的) 종속이다. 수용이라는 것은 받아들인다는 것이다. 나는 그리스도의 모든 행동, 모든 말씀과 약속, 머리에서 빛나는 모든 영광, 모든 직무, 그분의 무한한 본질의 다양한 부분들의 눈부신 아름다움, 이런 모든 것을 받아들인다! 또한 내가 그분과 하나가 되었기 때문에 나는 그분의 친구들을 내 친구로 받아들인다. 나는 하나님의 사람들을 전부 사랑하고 그들 모두에게 말씀을 전한다. 그들 중 일부는 들을 것이다!

당신도 알겠지만, 주님께는 늙은 친구들도 있다. 길거리에 나가보라. '오직 예수'나 '예수께서 구원하신다' 같은 말이 쓰인 피켓을 들고 걸어가는 사람들이 보일 것이다. 그들은 헝클어진 머리를 하고 앞만 보고 걸어간다. 그런 사람들이 예수님께 속한 사람들이라면 나는 그들을 내 편이라고 여길 것이다. 옛날의 어떤 감독은 "주님의 보물이 질그릇들에 담겨 있는데 일부 질그릇들은 약간 금이 가 있다"라고 말했다. 주님의 친구들이 어디에서 발견되든지 간에 우리는 그들을 우리 편이라고 고백해야 한다. 그분의 친구는 우리의 친구이고, 그분의 적은 우리의 적이다.

수많은 사람들이 "우리는 단합해야 합니다!"라고 떠들어대지만 나는 무조건적 단합을 싫어한다. 누구의 깃발 아래에서 단합하느냐 하는 문제가 중요하다. 누구를 사랑하고 무엇을 미워하느냐가 중요한 문제이다.

"그리스도인은 죽었다가 다시 돌아온 사람이다"라는 말은 그리스도인에 대한 훌륭한 정의 중 하나이다. 내가 볼 때, 사도 바울은 이 땅에 살았던 그리스도인들 중에서 가장 이상하고 희한하고 영광스런 사람 중 하나이다. 바울은 갈라디아서 2장 20절에 이렇게 기록했다.

"내가 그리스도와 함께 십자가에 못 박혔나니 그런즉 이제는 내가 사는 것이 아니요 오직 내 안에 그리스도께서 사시는 것이라"(갈 2:20).

그가 죽은 것인가? 산 것인가? 그 다음 성경구절을 살펴보자.

"이제 내가 육체 가운데 사는 것은 나를 사랑하사 나를 위하여 자기 자신을 버리신 하나님의 아들을 믿는 믿음 안에서 사는 것이라."

그의 말에 담긴 모순을 보라. 그러나 그 모순 속에는 놀랍고 영광스런 진리의 종합이 있다. 그 진리에 따르면, 그리스도인은 십자가에 못 박혔지만 살아 있는 사람이다.

그분이 십자가에서 죽으셨을 때 우리도 죽었고, 그분이 죽은 자들로부터 살아나셨을 때 우리도 살아났으며, 그분이 하나님의 우편으로 가셨을 때 우리도 함께 갔다.

"너희가 그리스도와 함께 다시 살리심을 받았으면 위의 것을 찾으라 거기는 그리스도께서 하나님 우편에 앉아 계시느니라"(골 3:1).

"[하나님께서 우리를 그리스도와] 함께 일으키사 그리스도 예수 안에서 함께 하늘에 앉히시니"(엡 2:6).

사도 바울의 고백에 따르면, 그분의 신비로운 몸의 지체인 우리는 그분이 계신 곳에서 그분과 함께 있는 것이다. 얼마나 놀라운 진리인가!

# 부분이 아닌
# 전부를 십자가에 못 박으라

## 부끄러운 내면의 가면을 벗어라

전능하신 하나님의 눈에 비치는 우리 내면의 모습이 우리 주변 사람들에게 갑자기 공개된다면 우리의 당혹감은 하늘을 찌를 것이다. 만일 그런 일이 일어난다면 우리는 서 있는 것조차 불가능할 것이고, 누더기를 걸친 사람으로 보일 것이다. 우리 중 어떤 사람은 너무 더러워 저질적인 사람으로 보일 것이고, 또 어떤 이들은 곪아 터진 모습으로 나타날 것이다. 어떤 자들은 알코올 중독자들이 태반인 빈민가에서조차 쫓겨날 정도로 망가진 모습을 보일 것이다.

우리는 우리 자신에게 "내가 내 영적 가난을 철저히 숨기기 때문에 하나님도 내가 나를 아는 것 정도로만 나를 알고 계실 거야"라고 말하지 않는가? 우리는 우리의 상태를 하나님께 말씀드리지 않는다. 체면 깎이지 않으려고 우리는 우리의 영적 가난에 가면을 씌우고 우리의 내적 상태를 숨긴다.

또한 우리는 우리의 권위를 계속 손에 쥐고 있으려고 애쓴다. 우리는 우리 삶의 궁극적 열쇠를 예수 그리스도께 넘겨드리지 못한다. 형제들이여! 우리는 우리 삶의 항해를 조종하는 키를 그분께 완전히 넘겨드리지 못한다. 주님이 키를 잡으시도록 허락했으면서도, 그분이 실패하실 것에 대비하여 키에서 우리 손을 떼지 못하고 있다.

"하나님께 영광을 돌릴지어다!"라는 찬송을 진심으로 부르기를 원하면서도, 이상하게도 우리는 그 영광의 일부를 우리의 몫으로 챙겨두는 기발한 방법을 생각해낸다. 자신의 유익을 구하려고 끊임없이 애쓰는 우리 자신의 모습을 볼 때, 우리는 다음과 같이 말하지 않을 수 없다.

"하나님을 위해 살기를 원하는 사람들도 세상의 사람들처럼 자기의 유익을 구한다. 후자는 노골적으로 공공연히 그렇게 하지만, 전자는 교묘하게 그렇게 한다."

발명품을 만들어내는 상상력이 없는 사람도 자기의 유익을 구하는 방법을 만들어내는 데는 머리가 기발하게 돌아간다. 그런 사람은 나름대로 구실을 만들어내어 자기의 유익을 구하는데 그런 구실이 가림막의 역할을 하기 때문에 그는 자기 행동의 추악함을 보지 못한다. 정말로 놀라운 일이다!

신앙을 고백하는 그리스도인들 중에서도 그런 일이 일어난다. 다시 말해서, 하나님의 유익을 구한다는 가면을 쓰고서 사실은 교묘하게 자기의 유익을 구하는 일이 일어난다. 나는 내가 우려하는 것이 현실에서 일어나고 있다고 말하지 않을 수 없다. 솔직히 말해 많은 사람들이 '더 깊은 삶, 성경의 예언, 해외선교회, 그리고 신체적 질병의 치유 같은 것들을 이용해 자신의 유익을 은밀히 추구한다. 그들은 그런 것들에 대한 자신들의 관심을 계속 가림막으로 사용하기 때문에 자신의 내면의 추악한 모습을 볼 수 없게 된다.

우리는 '더 깊은 삶', '영적 승리', 그리고 '자신에 대해 죽는 것'에 대해 많이 말하지만, 우리 자신을 십자가에 못 박지 않으려고 계속 노력한다. 십자가에 못 박지 않으려고 애쓰는 부분이 우리의 전체에서 매우 작은 부분이라 할지라도, 그것은 우리의 영적 문제와 패배의 원인이 될 수 있다.

### 자신의 모든 것을 십자가에 못 박으라

하나님의 지극히 높은 뜻에 따라 예수 그리스도를 섬기겠다는 마음으로 충만해질 때 비로소 우리는 십자가에서 죽을 수 있다. 사도 바울은 "나는 저 십자가에서 죽기를 원하고 거기서 죽는 것이 어떤 것인지를 알기 원한다. 왜냐하면 내가 그분과 함께 죽으면 나는 더 좋은 부활에서 그분을 알게 될 것이기 때문이다"라고 말했다(빌 3:10 참조). 그는 단순히 "(모든 사람이 죽은 자들로부터 부활할 것이므로) 그분이 나를 죽은 자들로부터 다시 살리실 것이다"라고 말한 것이 아니다. 그는 "나는 더 좋은 부활, 즉 그리스도의 부활과 같은 부활을 원한다"라고 말한 것이다. 그는 그리스도와 함께 십자가에 못 박히기를 원했다. 하지만 현재 우리는 한 번에 한 부분만을 죽이기 원하기 때문에 나머지 작은 부분들을 십자가에 못 박지 않는다.

사람들은 충만히 채워달라고 하나님께 구하지만 그런 기도를 하는 중에도 그들 안에는 교묘한 자기기만(自己欺瞞)이 자리 잡고 있다. 그런 내면적 모순 때문에 그들의 의지(意志)는 하나님께 모든 것을 드리는 단계까지 나아가지 못한다.

이런 모순적인 상태에서 계속 살아가는 사람은 행복한 그리스도인이 될 수 없다. 항상 조금씩 십자가에 달리는 사람은 그런 과정에서 행복할 수 없다. 하지만 우리가 예수 그리스도와 함께 영원히 단번에 십자가에 못 박히고 우리의 영혼을 하나님께 맡기고 모든 것을 포기하고 변명하지 않는다면, 즉 우리가 죽는다면 그 다음에는 부활이 있을 것이다.

예수 그리스도와 함께 이 승리의 길을 가겠다는 마음이 우리에게 있다면, 우리는 정상을 향해 가다가 중간쯤에서 멈추어버린 평범한 그리스도인의 삶에서 벗어날 것이다. 우리의 유익을 포기할 때 비로소 우리 안에서는 그분의 최고의 뜻을 찾겠다는 욕구가 솟아오를 것이다.

CHAPTER 08

# 십자가는 우리의 삶을 철저히 간섭한다

**십자가의 간섭**

어떤 유명한 잉글랜드 사람이 퉁명스럽게 "종교가 우리의 개인 생활을 간섭하도록 내버려두면 골치 아픈 일이 생긴다"라고 말했다.

나는 그의 말에 대해 "개신교 국가에 사는 지식인이 그런 말을 하면 더 골치 아픈 일이 생긴다"라고 대답해주고 싶다. 그는 신약성경을 읽어본 적이 없는 것인가? 스데반이나 바울이나 베드로에 대해 들어본 적이 없는 것인가? 그리스도를 따르기 위해 기쁜 마음으로 순교를 선택한 수백 만 명의 사람들에 대해 생각해본 적이 없는 것인가? 그들은 자신의 종교가 자신의 개인적 삶에 간섭하도록 허락했기 때문에 남들의 손에 의해 때로는 갑작스럽게 죽임을 당했고 때로는 오랜 과정을 거쳐 죽임을 당했다.

그 유명한 잉글랜드 사람이 무엇이라고 말했든 간에 우리는 그를 그의 양심과 그의 심판자에게 맡기고 우리의 마음을 들여다보아야 한다. 어쩌면 그는 우리 중 일부 사람들이 속으로 은밀히 느끼는 것을 공개적으로 표현한 것일 수도 있다. 그러므로 우리는 "우리의 종교가 겉으로만 번지레한 우리의 삶의 양식을 얼마나 근본적으로 흔들어놓았는가?"라는 질문에 스스로 답해야 할 것이다.

기독교를 노골적으로 거부하는 사람이 신앙이 있는 체하면서도 신앙대로 온전히 살기를 거부하는 사람보다 하나님과 하늘의 천사들 앞에서 더 존중받을 것이라고 나는 오랫동안 믿어 왔다. 전자는 공공연한 적이고 후자는 거짓 친구이다. 그리스도께서 토해내실 사람은 후자인데 그 이유를 아는 것은 어렵지 않다.

그리스도인의 한 가지 특징은 십자가를 지고 가는 것이다. 예수님은 "아무든지 나를 따라오려거든 자기를 부인하고 날마다 제 십자가를 지고 나를 따를 것이니라"(눅 9:23)라고 말씀하셨다. 십자가를 진 사람은 더 이상 자기의 삶을 통제하지 않는다. 십자가를 집어 드는 순간, 그는 자기 삶에 대한 통제권을 포기했다. 십자가를 집어 들었을 때 그는 십자가 외에는 그 어떤 것에도 관심을 갖지 않게 되었다. 십자가는 그의 삶을 철저히 간섭하는 것이 되었다. 그가 무엇을 하기 원하든지 간에 그가 할 수 있는 것은 단 한 가지이다. 그것은 십자가에 못 박혀 죽는 자리를 향해 나아가는 것이다.

자기의 삶이 간섭받는 것을 용납하지 않으려는 사람이 그리스도를 따라야 하는 강제성 아래에 놓인 것은 아니다. 예수님은 "아무든지 … 하려거든"(If anyone would)이라고 말씀하심으로써 사람들에게 선택권을 주셨고, 그리스도인의 삶이 자발적 선택의 대상이 되도록 만드셨다.

하지만 누구도 간섭받는 것을 피할 수 없다. 법, 의무, 굶주림, 사고(事故), 자연재해, 질병, 죽음 같은 것들이 우리의 계획에 간섭할 수 있는데, 그런 것들은 어떻게 결국 우리가 할 수 없다. 피할 수 없는 삶의 가혹한 것들을 오랫동안 겪어온 인류는 그런 것들이 언젠가는 반드시 찾아온다는 것을 알게 되었다. 그리하여 인류는 피할 수 없는 것들에 어떻게 적응해야 할지를 배우게 된다. 사람들은 좁은 활동 영역 안에서 뱅글뱅글 돌면 최대한 간섭을 받지 않게 된다는 것을 배우게 된다. 대담한 사람들은 세상에 맞서겠다고 그들의 활동 영역을 어느 정도 넓히지만 그럴수록 간섭도 많이 받게 된다. 아무튼 일부러 간섭을 자초하는 사람은 없다. 인간의 본성이 간섭을 싫어하기 때문이다.

### 진리를 얻겠다고 결심하라

진리는 영광스럽지만 엄한 주인이다. 그는 자문을 구하거나 협상을 하거나 타협하지 않는다. 그는 높은 곳의 꼭대기에서 "너희가 은을 받지 말고 나의 훈계를 받으며 정금보다 지식을 얻으라"(잠 8:10)라고 외친다. 이런 외침이 있은 후에는 만인이 자기의 자유의지에 따라 선택해야 한다. 그들은 자기의 뜻에 따라 진리를 받아들이기도 하고 거부하기도 하며, 소중히 여기기도 하고 깔보기도 한다. 그들의 모든 운명이 진리에 달려 있지만, 진리를 강요하는 것은 없다.

사람들이 영원한 진리의 매력을 알고, 그것을 얻겠다고 결심하도록 하라. 그러면 그들은 진리를 얻기 위해 모든 것을 투자하고 충분한 시간을 내어 노력할 것이다. 그렇게 되면 다른 것들에게 투자할 시간이나 자원은 거의 남아 있지 않게 될 것이다. 그렇게 되면 그의 삶은 추구하고 찾고 자기를 부인하고 엄격히 훈련하는 삶으로 완전히 변할 것이다. 그렇게 되면 그는 날마다 죽을 것이다. 그가 세상에 대해 십자가에 못 박히고 세상이 그에 대해 십자가에 못 박힐 것이다.

만일 이 세상이 타락한 세상이 아니라면 진리의 길이 쉽고 평탄한 길일 것이다. 인간의 본성이 거대한 도덕적 왜곡을 겪지 않았다면 하나님의 길과 인간의 길 사이에 불일치가 없을 것이다. 내가 볼 때, 하늘의 천사들은 거기서 백만 년을 살아도 하나님의 뜻과 자신들의 욕구 사이에 아무런 불일치도 느끼지 않을 것이다.

하지만 이 땅에 사는 인간들은 다르다. 이 땅에 사는 '자연인'(自然人)은 하나님의 성령의 일을 받아들이지 않는다. 우리의 육체의 소욕은 성령을 거스르고 성령은 육체를 거스르며, 이 둘이 서로 대적한다(갈 5:17 참조). 이런 충돌에서 우리가 선택할 수 있는 것은 오직 하나이다. 우리가 하나님께 굴복하고 하나님께서 그분의 뜻을 이루셔야 한다. 그렇게 해야 그분께서 영광을 받으시고 우리가 영원한 복락을 누리게 된다.

우리의 종교(신앙)가 우리의 개인 생활을 간섭해야 하는 또 다른 이유는 우리가 세상('세상'이라는 말은 인간 사회를 가리키기 위해 성경이 사용하는 말이다) 안에서 살기 때문이다. 이스라엘이 홍해를 건넘으로써 애굽과 분리되었듯이 중생(重生)한 사람은 사회로부터 내적으로 분리된다. 그리스도인은 '하늘의 사람'으로 이 땅에서 일시적으로 살아간다. 그는 육체의 옷을 입고 사람들 사이에서 살아야 하지만 영적으로는 타락한 인류와 구별된다. 많은 면에서 그가 세상 사람들과 비슷하지만 또 다른 면에서는 그들과 근본적으로 다르기 때문에 세상 사람들은 그 차이점을 보고 분개하게 된다. 가인과 아벨의 시대로부터 시작하여 이제까지 땅의 사람들은 하늘의 사람들이 자기들과 다르다는 이유로 그들에게 고통을 주었다. 박해와 순교의 긴 역사가 그것을 증명한다.

하지만 그렇다고 해서 그리스도인의 삶이 언제나 충돌의 연속이라고, 즉 세상과 육신과 마귀에 맞서는 짜증나는 싸움의 연속이라고 생각해서는 안 된다. 많은 경우가 그렇지 않다. 그리스도와 함께 죽는 법을 배운 사람에게는 그분과 함께 다시 사는 복된 부활이 즉시 허락된다. 온 세상이 일어나 박해한다 할지라도 성령이 거하시는 성소로 변한 영혼 안에서 솟아나는 거룩한 기쁨의 노래를 잠재울 수 없다.

CHAPTER 09

# 징계를 당할 것인가, 십자가를 질 것인가?

### 십자가와 징계의 차이점

'십자가를 지는 것'과 '징계를 당하는 것'은 비슷해 보이지만 실상 다르다. 여러 가지 점들에서 차이가 있다. 이 두 가지가 서로 혼동되기 때문에, 이것들을 표현하는 단어들도 때로는 혼동되어 사용된다. 이것들을 혼동할 때 우리는 정확하게 사고(思考)할 수 없다. 정확하게 사고할 수 없을 때 우리는 유익을 얻지 못하게 된다.

십자가와 징계가 성경에서 서로 비슷한 모습으로 나타나지만, 결코 동일한 것이 아니다. 징계는 그것을 당하는 사람의 동의(同意) 없이 그에게 부과되는 것이다. 반면 십자가는 본인의 동의 없이 부과될 수 없다. 주님도 자신의 자유로운 선택에 의해서 십자가를 지셨다. 그분은 자신이 십자가에서 생명을 내어 주실 것에 대해서 예언하시면서 이렇게 말씀하셨다.

"이를 내게서 빼앗는 자가 있는 것이 아니라 내가 스스로 버리노라"(요 10:18).

그분은 십자가를 피할 수 있는 기회들이 얼마든지 있었지만, 예루살렘에 올라가서 죽기로 굳게 결심하셨다. 그분을 십자가의 길로 몰아넣은 것은 어떤 다른 외부적 강제가 아니라 바로 그분의 사랑이었다.

징계는 하나님이 행하시는 것이고, '십자가를 지는 것'은 그리스도인이 마땅히 해야 할 의무이다. 하나님은 자신의 자녀들에게 사랑의 매를 대실 때, 그들의 허락을 구하지 않으신다. 신자는 징계를 자발적으로 취하지 않는다. 그가 자발적으로 취하는 징계가 있다면 그것은 하나님의 뜻이 징계를 포함한다는 것을 알면서도 하나님의 뜻을 선택하는 경우이다.

"주께서 그 사랑하시는 자를 징계하시고 그의 받아들이시는 아들마다 채찍질하심이니라 하였으니 너희가 참음은 징계를 받기 위함이라 하나님이 아들과 같이 너희를 대우하시나니 어찌 아버지가 징계하지 않는 아들이 있으리요"(히 12:6,7).

우리가 원하지 않는데 찾아오는 십자가는 없다. 반면 징계는 원하지 않는데도 찾아온다.

"누구든지 나를 따라오려거든 자기를 부인하고 자기 십자가를 지고 나를 따를 것이니라"(마 16:24).

이 말씀에서 알 수 있듯이, 십자가를 지는 것은 의지적인 선택의 결과이다. 십자가를 지려는 사람은 그 결과까지 깊이 생각하고 분명한 결단에 의해서 십자가를 지는 것이다. 하나님나라에서 의지적 결단 없이 우연히 십자가를 지게 된 사람은 없었다.

그리스도인의 십자가는 무엇을 의미하는가? 물론 그것이 과거 로마에서 죽을 죄를 지은 사람들을 사형시키는 데 사용된 형틀을 가리키는 것은 아니다. 그리스도인의 십자가는 그가 그리스도에게 온전히 순종하여 따를 때 그에게 닥치는 고난을 의미한다. 그리스도는 '십자가에 이르는 길'을 선택하심으로써 십자가를 선택하셨다. 그분을 따르는 그리스도인들에게 있어서도 이것은 마찬가지이다. '순종의 길'에는 십자가가 서 있다. 그 길로 들어설 때 우리는 십자가를 지는 것이다.

십자가가 '순종의 길'에서 발견된다면, 징계는 '불순종의 길'에서 발견된다. 하나님은 온전히 순종하는 자녀를 결코 징계하지 않으신다. 우리의 육신의 아버지도 우리의 순종에 대해서 징계하는 것이 아니라, 불순종에 대해서 징계하지 않는가?

하나님께 매를 맞아 아플 때 우리는 우리가 잠시 옳은 길에서 벗어나 있다고 느껴야 한다. 반면 십자가의 고통을 느낀다는 것은 우리가 옳은 길에 있음을 말해준다. 그러나 우리가 어디에 있든지 간에 하나님 아버지의 사랑은 조금도 변하지 않는다. 그분이 우리를 징계하시는 것은 그분이 우리를 사랑하시기 때문이다. 가정교육이 잘 이루어지는 집에서 불순종하는 자녀는 징계를 받게 마련이다. 하나님의 집에서도 부주의(不注意)한 그리스도인은 징계를 피할 것을 기대할 수 없다.

그렇다면 우리의 고통이 십자가 때문인지 아니면 징계 때문인지를 아는 방법은 무엇인가? 어떤 이유에서 찾아오든지 간에 고통은 고통이다. 하나님의 뜻을 거역하고 도망하던 요나가 만난 폭풍이, 사도 바울이 하나님의 뜻을 행하는 중에 만난 폭풍보다 더 강했던 것은 아니다. 성난 파도는 이 두 사람의 목숨을 똑같이 위협했다. 사자 굴에 던져진 다니엘은 큰 물고기 뱃속에 삼켜진 요나만큼 곤경에 처했다. 세상 죄를 위해 죽음을 당하시는 그리스도의 손에 박힌 못은 자신들의 죄 때문에 죽어가는 강도들의 손에 박힌 못만큼이나 깊이 박혔다.

**십자가와 징계의 구별 방법**

우리는 십자가와 징계를 어떻게 구별해야 하는가?

내 생각에, 이에 대한 대답은 간단하다. 고난이 닥칠 때 우리는 그것이 내가 선택한 것인지 아니면 내 의지와 상관없이 외부로부터 닥친 것인지를 구별하면 된다. 주님은 "나로 말미암아 너희를 욕하고 박해하고 거짓으로 너희를 거슬러 모든 악한 말을 할 때에는 너희에게 복이 있나니"(마 5:11)라고 말씀하셨다. 여기서 우리는 "나를 인하여 … 거짓으로"라는 말씀에 주목해야 한다. 이것은 복된 고난이 우리의 자발적인 선택에 의한 것임을 말해준다. 다시 말해서, 우리가 그리스도와 그분의 의(義)를 위해 고난을 선택할 때 그 고난이 복되다는 뜻이다. 만일 우리를 향한 사람들의 비난이 '근거가 있는' 비난이라면 우리의 고난은 복된 것이 아니다.

우리가 당연히 당할 징계를 당하면서도 그것을 '십자가'라고 믿는 것은 우리 자신을 속이는 것이다. 그러므로 징계의 고통에 대해서는 기뻐할 것이 아니라 회개해야 할 것이다. "죄가 있어 매를 맞고 참으면 무슨 칭찬이 있으리요 오직 선을 행함으로 고난을 받고 참으면 이는 하나님 앞에 아름다우니라"(벧전 2:20).

십자가는 오직 의(義)의 길에서만 발견된다. 오직 자발적으로 그리스도를 위해서 고난당할 때 우리는 십자가의 고통을 느끼는 것이다.

이제까지 논의한 두 가지 고난 중 어느 한쪽에도 속하지 않는 '제3의 고난'이 있다고 나는 믿는다. 이것은 징계의 고통처럼 우리를 바로잡으려는 목적에서 닥치는 고난도 아니고, 우리가 그리스도의 뜻대로 사느라고 당하는 고난도 아니다. 이것은 자연적인 것이다. 그러므로 육신을 가지고 세상을 살아가는 사람이라면 누구나 당할 수밖에 없는 그런 고난이다. 정도의 차이는 있겠지만 이런 고난은 모든 사람에게 닥칠 수 있기 때문에 분명한 영적 의미가 있다고 보기 힘들다. 화재, 홍수, 사별, 부상, 사고, 질병, 노령, 피로, 세상살이의 여러 악조건들이 여기에 속한다. 그렇다면 우리는 이런 것들에 어떻게 대처해야 하는가?

어떤 위대한 사람들은 이런 제3의 고난을 선한 것으로 바꾸는 데 성공하기도 했다. 기도와 겸손과 인내로써 그들은 역경을 친구로 만들었고, 정신적 고통을 선생으로 삼아서 깊은 영적 진리들을 깨달았다. 우리도 그들처럼 되어야 하지 않겠는가?

PART 3

# 철저한 십자가:
# 그것의 목적

하나님께서는 더 크고 더 은혜로운 계획을 갖고 계셨다.
그분은 죄인들을 구원하기 위해 오셨다. 우리 주 예수 그리스도의 사명은
정죄하는 것이 아니라 용서하고 교화하는 것이었다.

CHAPTER

# 예수님이 나를 위해
# 십자가를 지셨다

### 하나님은 우리 각 사람을 사랑하신다

"하나님이 그 아들을 세상에 보내신 것은 세상을 심판하려 하심이 아니요 그로 말미암아 세상이 구원을 받게 하려 하심이라"(요 3:17).

"하나님이 그 아들을 세상에 보내셨다"라고 성경이 말할 때 그 '세상'은 단순히 지리적 의미의 세상이 아니다. 다시 말해서, 그것은 단순히 "하나님께서 자신의 아들을 가까운 지역에 보내셨다"라든가 또는 "하나님께서 자신의 아들을 팔레스타인의 베들레헴에 보내셨다"라는 뜻이 아니다.

물론 예수님은 베들레헴에 오셨다. 예수님이 바다 사이에 위치한 그 작은 땅에 오신 것은 사실이다. 하지만 그 사건이 지리적 의미나 천문학적 의미를 갖는 것은 아니다. 그것은 킬로미터, 거리, 대륙, 산과 아무 관계가 없다.

그것은 하나님께서 그분의 아들을 인류에게 보내셨다는 것이다. 하나님께서 세상을 사랑하셨다는 것은 그분이 단지 지리적 의미의 세상을 사랑하셨다는 뜻이 아니다. 그것은 하나님께서 단순히 눈 덮인 산, 태양이 내리쬐는 목장, 흘러가는 강 또는 북쪽의 높은 산봉우리들을 그토록 사랑하셨다는 뜻이 아니다. 물론 하나님께서는 그런 것들도 사랑하실 것이다. 나는 그렇다고 믿는다. 욥기나 시편을 읽은 사람은 하나님께서 자신의 피조물인 자연을 사랑하신다고 느낄 수밖에 없다.

하지만 요한복음 3장 17절의 의미는 하나님의 아들이 단지 자연으로서의 이 세상을 사랑하셨다는 뜻이 아니다. 그분은 사람들에게 오셨다. 우리는 예수 그리스도께서 사람들을 찾아서 구원하기 위해 오셨다는 사실을 잊지 말아야 한다. 그분은 단지 편애의 대상이 되는 일부 사람들, 특정 부류의 사람들, 또는 막연히 일반 대중을 위해 오신 것이 아니다.

우리 인간들은 일반적인 용어를 사용하여 말하는 경향이 있는데 그렇게 하면 학문적인 관점에서 이야기하는 것이 된다. 지금은 학문적인 관점에서 이야기하지 말고, 다만 하나님께서 우리 각 사람을 사랑하셨다고 고백하자. 우리 각 사람을 향한 하나님의 사랑은 자신의 아들을 세상의 사람들 곁으로 보내시는 매우 구체적인 방법으로 나타났다. 그분의 아들은 심지어 그들 중 한 사람이 되셨다!

당신이 퍽(Puck, 영국의 민담에 나오는 장난꾸러기 요정으로 셰익스피어의 《한여름 밤의 꿈》을 통해 유명해졌다)처럼 되어 낮잠을 자는 동안 지구를 한 바퀴 돈다는 상상을 해보라. 지구를 한 바퀴 도는 동안 당신의 눈에는 어떤 사람들이 보일까? 다리를 저는 사람, 눈이 먼 사람, 그리고 나병환자가 보일 것이다. 뚱뚱한 사람, 마른 사람, 키가 큰 사람, 키가 작은 사람이 보일 것이다. 더러운 사람도 보일 것이고 깨끗한 사람도 보일 것이다. 경찰관을 두려워하지 않고 길을 따라 걷는 사람도 보일 것이고, 골목길을 살금살금 걷다가 깨어진 창문으로 남의 집에 기어들어가는 사람도 보일 것이다. 건강한 사람도 눈에 들어올 것이고 임종의 고통 속에서 몸을 비틀며 몸부림치는 사람도 보일 것이다. 무식한 사람이나 글자도 읽지 못하는 사람들이 있을 것이고, 세상을 놀라게 할 위대한 희곡이나 시를 쓰겠다는 꿈을 키우며 대학가의 느릅나무 아래에 모인 사람들도 있을 것이다.

당신의 눈에는 무수한 사람들이 보일 것이다. 그들의 눈이 당신의 눈과 다른 모양일 것이며, 그들의 머리카락이 당신과 다를 것이다. 그들의 관습이 당신과 다르고 그들의 습관도 당신과 다를 것이다. 그러나 그들 모두는 사람이다. 그들과 당신은 외형적인 것들에서 차이를 보이지만 인간성에서는 모두 비슷하다. 관습과 습관이 다를 뿐이다. 본성은 모든 인간이 비슷하다.

**구원의 사명을 위해 오신 예수님**

형제자매들이여, 하나님께서 자신의 아들을 사람들에게 보내셨다는 사실을 깊이 명심하자. 하나님의 아들은 사람들의 구주이시다. 그분은 당신의 가족이나 내 가족이나 모두에게 생명과 소망을 주기 위해 이 땅에 오셨다.

세상의 구주는 살아 있는 각각의 사람들이 얼마나 소중하고 귀한지를 아신다. 예수님은 사람의 지위나 명예나 계급에 관심이 없으시다. 모든 사람은 사회적 지위에 대해 입방아를 찧지만, 예수님은 그런 것을 알지 못하신다.

예수님은 이 땅에 오셨을 때 누구에게도 "당신의 지능지수가 얼마인가?"라고 묻지 않으셨다. 사람들에게 그들이 견문이 넓으냐고 묻지 않으셨다. 하나님께서 예수님을 보내신 것과 예수님이 실제로 오신 것에 대해 하나님께 감사하자. 이 두 가지, 즉 하나님께서 예수님을 보내신 것과 예수님이 실제로 오신 것은 사실이다. 이 두 가지 사실은 서로 모순되지 않는다. 하나님께서는 예수님을 구주로 보내셨다! 아들이신 그리스도는 죄인들을 찾아서 구원하기 위해 오셨다! 예수님이 오신 것은 보냄을 받으셨기 때문이다. 예수님이 오신 것은 그분의 넓은 마음이 주는 강력한 충동에 이끌리셨기 때문이다. 그분의 사명에 대해 생각해보자.

현재 우리에게 이교(異敎)만이 있다고 상상해보자. 우리에게 성경도 없고 찬송가책도 없으며, 2천 년에 걸친 기독교 교훈과 전통이 전혀 없다고 상상해보자. 그럴 경우 우리는 우리의 힘으로 헤쳐 나갈 수밖에 없을 것이다. 그런 상황에서 누군가 갑자기 찾아와 "하나님께서 그분의 아들을 인류에게 보내셨습니다. 지금 그분이 오고 계십니다"라고 소리친다. 그럴 경우 우리에게는 제일 먼저 어떤 생각이 떠오르겠는가? 우리의 마음과 양심은 즉시 우리에게 무엇이라고 말하겠는가? 아마도 우리는 아담이 에덴 동산에서 그랬듯이 나무와 바위를 찾아서 숨을 것이다.

하나님께서 자신의 아들을 세상에 보내셨다는 말을 들었을 때 그분의 사명이 무엇이라고 생각해야 마땅하겠는가? 우리는 우리의 본성이 어떤지를 잘 알고 있다. 그런 상황에서 하나님께서 우리의 모든 것을 아시고 그분의 아들을 보내시어 우리를 만나도록 하셨다.

왜 하나님의 아들이 인류에게 오셨는가? 죄와 어둠과 기만과 도덕적 질병이 가득한 우리의 마음은 그분의 사명이 무엇이어야 하는지를 말해준다. 우리가 부정할 수 없는 우리의 죄는 그분이 세상을 심판하기 위해 오셨을 것이라고 우리에게 말해준다. 왜 성령께서는 "하나님이 그 아들을 세상에 보내신 것은 세상을 심판하려 하심이 아니요"(요 3:17)라는 하나님의 말씀을 선포하셨는가? 사람들은 자기 스스로를 정죄하는데, 그것은 '의로운 분'이 오시면 자기에게 선고가 내려져야 한다는 것을 알기 때문이다.

그러나 하나님께서는 더 크고 더 은혜로운 계획을 갖고 계셨다. 그분은 죄인들을 구원하기 위해 오셨다. 우리 주 예수 그리스도의 사랑의 사명은 정죄하는 것이 아니라 용서하고 교화하는 것이었다.

### 십자가의 논리를 우리 삶에 적용하라

그런데 왜 예수님은 타락한 천사들을 찾아가지 않고 인간을 찾아오셨는가? 나는 설교단에서 이 문제에 대해 언급한 적이 있다. 내가 볼 때, 많은 사람들은 다른 설교자들이 이 문제에 대해 언급하지 않는 탓에 내가 틀렸다고 생각하는 것 같다. 하지만 나는 내가 옳다고 믿는다. 그리스도께서 천사들을 찾아가지 않고 인간을 찾아오신 이유는 무엇보다도 천사들이 아닌 인간이 하나님의 형상으로 창조되었기 때문이다. 그분이 타락한 천사들을 찾아가지 않고 타락한 아담의 후손을 찾아오신 이유는 타락한 아담의 후손이 한때는 하나님의 형상을 지녔기 때문이다.

그러므로 예수 그리스도께서 이 땅에 오실 때 인간의 몸으로 오신 것은 도덕적으로 논리적인 일이었는데, 그것은 하나님께서 인간을 그분의 형상대로 만드셨기 때문이다. 비록 인간이 타락하여 지옥에 갈 수밖에 없는 존재가 되어버렸지만 그에게는 그리스도의 성육신(成肉身)을 가능하게 할 수 있는 지위와 가능성이 있었다. 그리하여 전능하신 하나님께서는 인간 육체의 담요를 두르고 인간이 되어 인간들 가운데 나타나실 수 있었던 것이다. 천사들이나 타락한 피조물이 성육신하는 것은 불가능했다. 그리스도는 정죄하기 위해서가 아니라 교화하고 회복하고 거듭나게 하기 위해 오셨다.

우리는 그런 하나님의 낮아지심을 개인적 관점에서 생각해보려고 애써왔다. 또 우리는 하나님께 그런 사랑을 받는 것이 우리 각 사람에게 어떤 의미가 있는지에 대해 생각해보려고 노력해왔다. 누군가는 나의 이 말에 이렇게 말하고 싶을 것이다.

"그러나 요한복음 3장 16절은 십자가에 대해 언급하지 않습니다. 당신은 하나님의 사랑에 대해 얘기했지만 그리스도께서 우리 대신 십자가에서 돌아가신 것을 언급하지는 않았습니다."

그런 사람에게 나는 "설교자들이 설교할 때마다 신학의 모든 부분들을 장황하게 다 언급해야 한다고 믿는 사람들이 있지만 설교자들이 그렇게 할 수는 없습니다"라고 말해주고 싶다.

요한복음 3장 16절이 십자가를 언급하지 않는 것은 사실이다. 하지만 분명히 말하겠다. 하나님께서는 우리 인간들처럼 어떤 한 부분에 얽매이지 않으신다. 그분은 성경의 어딘가에서 십자가를 충분히 계시하고 언급하고 말씀하셨기 때문에 십자가는 성경의 한 가운데서 큰 빛을 발하는 기둥처럼 서 있다.

우리가 잘 알듯이, 우리 구주께서 돌아가신 십자가가 없다면 성경도 없고 계시도 없고 속량의 메시지도 없고 아무것도 없다! 나는 십자가를 배제하고 내 이야기를 하려는 것이 아니다. 그런데 여기, 즉 요한복음 3장 17절에서 그분은 사랑의 메시지를 선포하신 것이다. 하나님께서 자신의 아들을 보내셨다는 메시지 말이다. 그렇다! 하나님께서 자신의 아들을 주셨다. 그런데 나중에 드러났듯이, 하나님께서 자신의 아들을 주신 것은 아들을 죽음에 내어주신 것이었다.

이 이야기는 우리 각자에게 적용되어야 한다. 가장 감동적인 이야기에 나오는 저 탕자처럼 우리 각 사람은 자신의 영적 문제를 해결하기 위해 나서야 한다. 그리고 "나는 굶주렸다. 나는 여기서 죽을지도 모른다. 하지만 나는 일어나 아버지에게 가겠다. 내 아버지의 집이 어떤지, 그 분에게 얼마나 많은 양식이 있는지 나는 잘 기억한다"라고 말한 탕자처럼 결단하고 행동해야 한다(눅 15:17-20 참조). 탕자는 아버지에게 돌아가겠다고 생각하고 일어나 아버지께 돌아갔다.

이것을 당신에게 적용하라. 하나님께서는 당신을 구원하기 위해 그분의 아들을 세상에 보내셨다!

# 주님을 따르려거든
# 자기 십자가를 지라

### 날마다 제 십자가를 지고

어떤 진지한 그리스도인 여성이 헨리 수소(Henry Suso, 1295~1366. 독일의 신비가)에게 자신의 영적 생활에 대해 조언을 구했다. 그녀는 그리스도께서 십자가에서 느끼셨던 고통을 느껴보겠다는 동기에서 매우 엄격한 금욕생활을 추구했지만 자신의 신앙생활에 만족할 수 없었다. 수소는 그 이유를 알았다.

수소는 그의 영적 딸에게 편지를 써서 예수님께서 "아무든지 나를 따라오려거든 자기를 부인하고 날마다 '내' 십자가를 지고 나를 따를 것이니라"(눅 9:23 참조)라고 말씀하지 않으셨다는 사실을 상기시켰다. 그렇다! 예수님께서는 "아무든지 나를 따라오려거든 자기를 부인하고 날마다 '제' 십자가를 지고 나를 따를 것이니라"(눅 9:23)라고 말씀하셨다. 작은 대명사 하나가 바뀌었을 뿐이지만 그 의미의 차이는 지극히 크다.

모든 십자가가 비슷하지만 그것들 중 동일한 것은 하나도 없다. 우리 구주께서 지신 십자가와 똑같은 십자가는 그 전에도 없었고, 그 후에도 없었다. 그리스도께서 당하셔야 했던 무서운 고난, 즉 십자가에서 죽는 것은 인류 역사에서 유일무이한 것이었다. 그분의 십자가가 세상에 생명을 주기 위해서는 그분이 십자가에서 돌아가셔야 했다. 어둠 가운데서 죄를 지고 아버지께 버림받는 고통은, 거룩한 희생을 위해 이 땅에 오신 그분만이 감당할 수 있는 고통이었다. 그분의 고통과 조금이라도 비슷한 고통을 당하겠다고 나서는 사람이 있다면, 그는 단순히 오류를 범하는 단계를 넘어 신성모독의 잘못을 범하는 것이다.

예나 지금이나 모든 십자가는 죽음의 도구이다. 다른 사람의 십자가에서 죽을 수 있는 사람은 아무도 없었다. 각각의 사람은 바로 자기의 십자가에서 죽었다. 그렇기 때문에 예수님은 "아무든지 나를 따라오려거든 자기를 부인하고 날마다 '제' 십자가를 지고 나를 따를 것이니라"(눅 9:23)라고 말씀하신 것이다.

물론 그리스도의 십자가가 모든 십자가를 포함하고 그분의 죽으심이 모든 죽음을 내포한다는 것은 어떤 의미에서 옳은 이야기이다. 성경을 읽어보자.

"우리가 생각하건대 한 사람이 모든 사람을 대신하여 죽었은 즉 모든 사람이 죽은 것이라"(고후 5:14).

"내가 그리스도와 함께 십자가에 못 박혔나니"(갈 2:20).

"그리스도로 말미암아 세상이 나를 대하여 십자가에 못 박히고 내가 또한 세상을 대하여 그러하니라"(갈 6:14).

이것은 속량에서 나타난 하나님의 사법적 판단 때문에 가능한 것이다. 그리스도의 몸의 일원인 그리스도인은 그의 거룩한 머리이신 그리스도와 함께 십자가에 못 박힌 것이다. 하나님께서 보실 때, 참된 신자는 그리스도께서 돌아가실 때 함께 죽은 것으로 간주된다. 그 후 일어나는 신자 개인의 모든 십자가 체험들은 그가 이미 그리스도와 함께 십자가에서 죽은 사건에 근거하여 일어나는 것이다.

### 자발적으로 십자가를 지라

하지만 날마다의 실제 생활에서 신자가 죽어야 하는 십자가 사건에서는 그의 십자가가 도구로 이용된다. 예수님은 "날마다 '제' 십자가를 지고 나를 따를 것이니라"(눅 9:23)라고 말씀하셨다. 이 말씀에서 언급된 십자가가 그리스도의 십자가가 아닌 것은 분명하다. 그것은 신자 개인의 십자가이다. 그의 십자가가 도구로 사용될 때 그리스도의 십자가가 능력을 발휘하여 그의 악한 본성을 죽이고, 그를 악한 본성의 능력에서 해방시킨다.

신자 개인의 십자가는 그가 자발적으로 취한 십자가이다. 바로 그 점 때문에 그의 십자가와 로마의 십자가들, 즉 로마 정부가 죄수들을 사형시킨 십자가들이 다른 것이다. 로마의 죄수들은 그들의 의지에 반하여 십자가를 졌지만, 신자는 자기가 선택하여 십자가를 지는 것이다. 로마의 군사는 십자가를 가리키며 "누구든지 원하거든 십자가를 져라"라고 말하지 않았다. 오직 그리스도만이 그렇게 말씀하셨다. 그렇게 말씀하심으로써 그분은 신자에게 공을 넘기셨다. 신자는 십자가 지기를 거부할 수도 있고 아니면 허리를 굽혀 십자가를 지고 어두운 언덕을 향해 나아갈 수도 있다. 거룩한 길로 나아가느냐 아니면 그렇고 그런 평범한 수준에 머물러 있느냐 하는 것이 신자의 선택에 달려 있다.

로마 정부가 시행했던 십자가 사형의 고통을 그대로 느끼며 그리스도와 함께 한 걸음 한 걸음 걸어가는 것은 우리에게 가능하지도 않고 그분이 의도하셨던 것도 아니다. 그리스도께서 의도하셨던 것은 우리 각 사람이 날마다 자기 십자가를 지는 것이다. 그것은 자신이 그리스도와 함께 죽었다고 여기는 것이다. 또 그것은 날마다 순종의 좁은 길에서 발견될 수 있는 자기

부정이나 회개나 겸손이나 겸허한 희생을 자발적으로 받아들이는 것이다. 그것이 신자 개인의 십자가이다. 그것만이 그리스도께서 우리에게 지라고 말씀하신 십자가이다.

# 새 십자가를 버리고, 옛 십자가를 지라

### 육신적 즐거움을 추구하는 새 십자가

오늘날 새로운 십자가가 복음주의 진영에 스며들었지만 그것을 아는 사람들은 거의 없다. 물론 그것은 아무런 예고 없이 슬그머니 들어왔다. 그것은 옛 십자가와 닮았지만 사실은 다르다. 겉보기에는 비슷하나 근본적으로는 다르다.

이 새 십자가에서 그리스도인의 삶의 새로운 철학이 생겨났고, 그 새 철학에서 새로운 복음주의적 테크닉이 생겨났다. 새로운 테크닉이란 새로운 형태의 집회이고 새로운 종류의 설교이다. 이런 새로운 복음주의는 과거 복음주의의 언어를 그대로 사용하지만 그것에 담긴 내용은 과거와 다르고 그것의 강조점도 과거와 다르다.

옛날의 십자가는 세상과 관계를 맺으려고 하지 않았다. 옛날의 십자가는 아담의 교만한 육신을 끝장냈다. 그 십자가는 시내 산의 율법이 내린 선고(宣告)가 효력을 발휘하게 했다. 하지만 새로운 십자가는 세상에 맞서지 않고 오히려 세상의 친구가 된다.

새 십자가에 대해 좀 더 구체적으로 말하면, 새 십자가는 상스럽지 않고 악의 없는 무수한 놀이와 오락의 근원이 된다. 새 십자가는 아담이 아무 간섭을 받지 않고 살도록 내버려둔다. 아담의 삶의 동기는 전혀 바뀌지 않았다. 그는 여전히 자기의 즐거움을 위해 살아간다. 과거와 바뀐 것이 있다면, 음란한 노래를 부르고 독주를 마시는 대신 지금은 합창을 부르고 종교 영화를 본다는 것이다. 육신적 즐거움이 도덕적으로(지적으로는 아니라 할지라도) 더 높은 수준에 올랐다 할지라도 강조점은 여전히 육신적 즐거움에 놓여 있다.

새 십자가는 과거와는 전혀 다른 새로운 전도 방법을 조장한다. 새 십자가를 전하는 복음전도자는 "새로운 삶을 받아들이기 위해서 옛날의 삶을 버려야 합니다"라고 가르치지 않는다. 그는 세상과 기독교 사이의 다른 점을 전하지 않고 비슷한 점을 전한다. 그는 기독교가 불쾌한 요구를 하지 않는다고 선포함으로써 대중의 비위를 맞추려고 애쓴다. 그는 세상이 주는 것과 똑같은 것을 주겠다고 말한다. 차이가 있다면, 세상의 것보다 수준 높은 것을 주겠다는 것이다. 그는 "복음이 주려는 것은 죄에 빠진 세상이 갈망하는 것과 다르지 않습니다. 복음은 더 좋은 것을 줄 뿐입니다"라고 분명히 말한다.

새 십자가는 죄인을 죽이지 않고 다만 다른 방향으로 이끌려고 한다. 그것은 죄인이 더 깨끗하고 더 즐거운 삶의 방식에 적응하도록 만들며 죄인의 자존심을 세워준다. 자기주장이 강한 사람에게 새 십자가는 "와서 그리스도를 위해 당신의 주장을 강하게 내세우십시오"라고 말한다. 이기주의자에게 그 십자가는 "와서 주님 안에서 자랑하십시오"라고 말한다. 짜릿한 것을 즐기는 사람에게 그것은 "와서 그리스도인들의 교제의 짜릿함을 맛보십시오"라고 말한다.

오늘날 기독교의 메시지는 대중에게 호감을 얻기 위해 세상의 유행을 따르는 경향을 보인다. 물론, 기독교가 그렇게 하는 동기가 순수할지도 모른다. 하지만 동기가 순수하다 할지라도 그것은 잘못된 것이다. 왜냐하면 깨달음이 없기 때문이다. 십자가의 의미를 놓친 것이다.

### 십자가를 통과한 새 생명을 얻으라

옛날의 십자가는 죽음의 상징이었다. 그것은 인간이 남의 손에 의해 갑작스럽게 죽임을 당한다는 것을 상징했다. 로마 시대에 십자가를 지고 길을 따라 걷기 시작한 사람은 이미 그의 친구들에게 작별인사를 한 사람이다. 그는 다시 돌아오지 못할 사람이었다. 그는 자신의 삶을 끝내기 위해 길을 떠난 것이다. 옛 십자가는 타협을 몰랐고 아무것도 완화하지 않았고 아무것도 아끼지 않았다. 십자가는 인간의 모든 것을 완전히 영원히 죽였고 그것의 희생자와 좋은 관계를 유지하려고 시도하지 않았다. 십자가는 잔인하고 강력하게 몰아 붙였으며, 십자가의 본분이 끝났을 때 그것의 희생자는 더 이상 존재하지 않았다.

아담의 후손은 사형선고를 당한 존재들이다. 감형의 가능성도 없고 사형을 피할 수도 없다. 죄의 열매들이 사람들의 눈에는 아무리 순진무구하고 아름답게 보일지라도 하나님께서는 결코 용납하지 않으신다. 하나님의 구원의 방법은 사람을 죽이고 그 다음에 새로운 생명으로 다시 살리는 것이다.

하나님의 방법과 인간의 방법이 서로 사이좋게 어울릴 수 있다고 말하는 전도 방법은 성경의 교훈에서 벗어난 것이며, 결국 사람들에게 잔인한 결과를 초래하게 된다. 그리스도의 진리는 세상과 사이좋게 나란히 가지 않고 그것을 가로막는다. 그리스도에게 나아갈 때 우리는 우리의 옛 삶을 더 고상한 수준으로 끌어올리지 않고, 오히려 그것을 십자가에 놓고 그분께 나아가야 한다. 밀알은 땅에 떨어져 죽어야 한다.

복음을 전하는 우리는 우리가 그리스도와 세상 사이의 관계를 호의적인 관계로 만드는 홍보대사라고 생각해서는 안 된다. 우리는 대기업, 언론, 스포츠계 또는 교육계가 그리스도에게 호감을 갖도록 만들라는 사명이 우리에게 주어졌다고 착각해서는 안 된다. 우리는 외교관이 아니라 선지자이며, 우리의 메시지는 타협안이 아니라 최후통첩이다.

하나님께서는 생명을 주려고 하시지만, 그 생명은 '옛 생명을 개선한 생명'이 아니다. 하나님께서 주시려는 생명은 '죽음에서 나온 생명'이다. 그것은 언제나 십자가 너머에 있다. 그 생명을 소유하려는 자는 십자가를 통과해야 한다. 그는 자신을 부인해야 하고, 자기에게 떨어지는 하나님의 판결에 동의해야 한다.

### 옛 십자가를 전하라

이것이 개인에게 무엇을 의미하는가? 즉, 정죄를 받았지만 그리스도 예수 안에서 생명을 얻으려는 사람에게 무엇을 의미하는가? 이 신학이 어떻게 해야 그에게 생명을 줄 수 있을까?

간단하다. 그가 회개하고 믿으면 된다. 그는 죄를 버려야 하고 자기 자신을 버려야 한다. 그는 아무것도 덮거나 옹호하거나 변명해서는 안 된다. 그는 하나님과 협상하려고 해서는 안 된다. 그는 하나님의 불쾌감을 가차 없이 드러내는 그분의 판결 앞에 머리를 죽이고 자기가 죽어 마땅한 죄인이라고 인정해야 한다.

그렇게 한 다음에는 부활의 주님을 오직 믿음의 눈으로 바라보아야 한다. 그러면 그분에게서 생명과 새로운 탄생과 깨끗게 함과 능력이 흘러나올 것이다. 예수님의 육체의 생명을 끝낸 십자가가 이제는 죄인을 끝낼 것이며, 그분을 죽은 자들로부터 다시 살린 능력은 이제 죄인을 그리스도와 함께 다시 살려서 새 생명에 이르게 할 것이다.

이런 내 이야기에 반기를 들거나 내 이야기를 단지 사적인 편협한 견해로 깎아내리려는 사람이 있는가? 그렇다면 나는 사도 바울의 시대로부터 지금까지 하나님께서 이 진리에 검인 도장을 찍어주셨다고 말하지 않을 수 없다. 이 진리가 내 말에서처럼 명백히 표현되었든 그렇지 않든 간에 이것은 2천 년 동안 세상에 생명과 능력을 가져다 준 모든 말씀 선포의 내용이다. 신비가(神秘家)와 개혁가와 부흥사가 모두 이 진리를 강조했으며, 성령의 표적과 기사(奇事)와 능력이 이 진리에 대한 하나님의 승인을 증거해주었다.

그러므로 그런 능력의 유산을 물려받은 우리가 감히 이 진리를 훼손하겠는가? 몽당연필을 가지고 감히 우리가 하나님의 청사진을 지워버리거나 그분이 시내산에서 보여주신 성막에 대한 본(本)을 바꾸겠는가? 그럴 수 없다. 옛날의 십자가를 전하자. 그러면 우리에게 옛날의 능력이 회복될 것이다.

# 성찬은
# 그리스도를 기념한다

## 성찬식은 무엇을 기념해야 하는가?

성찬식은 단지 빵과 포도주라는 음식을 먹고 마시는 것이 아니다. 믿음이 있는 사람들은 빵과 포도주라는 문(門)을 통해 영적인 것에 도달한다. 그들은 성찬식을 기념하는 의식으로 생각한다. 그렇다! 성찬식은 바로 그런 것이다. 우리는 우리 주 예수 그리스도를 기념하기 위해 모인다.

그런데 우리가 이 기념 정신을 이해하려면, 인자(人子)이신 그리스도의 특징을 말해주는, 전치사(前置詞)가 붙은 다섯 단어에 담긴 깊은 뜻을 알아야 한다. 이 다섯 단어에 대해 살펴보자.

## 1. 하나님의 뜻을 위한 헌신

우리가 살펴봐야 할 첫 번째 표현은 '…을 위한 헌신'(devotion to)이다. 우리는 그리스도께서 그분의 아버지의 뜻에 헌신하신 것을 기념한다. 우리 주 예수님께서는 다른 목적이 없으셨다. 그분의 삶에는 오직 아버지의 뜻을 이루겠다는 목적만이 있었다. 그 점에서 그분은 다른 사람들과 완전히 구별되신다. 다른 사람들도 하나님께 헌신했지만 그것이 절대적 헌신은 아니었다. 다른 사람들의 경우, 그들의 헌신이 흔들리는 기간이 있었고 (그 기간이 아무리 짧은 것이라 할지라도) 그들은 그런 흔들림을 한탄했다. 하지만 우리 주님에게는 그런 흔들림이 전혀 없으셨다. 주님이 아버지의 뜻에서 벗어난 적은 한 번도 없으셨다. 그분은 늘 아버지의 뜻을 생각하셨고 오직 아버지의 뜻에만 헌신하셨다.

아무도 멸망하지 않는 것이 아버지의 뜻이었기 때문에 예수님은 타락한 인류를 구원하는 일에 헌신하셨다. 그분은 완전히 헌신하셨다. 취미생활로 이런저런 것들을 하지 않으셨다. 그분은 거룩한 하나님께서 죄를 용서하실 수 있는 방법에만 몰두하셨다. 인류가 죄의 삯을 치르지 않도록 하기 위해 그분은 희생의 제단에 헌신하셨다.

옛날 침례교 선교회 중 하나는 쟁기와 제단 사이에 말없이 서 있는 황소의 모습을 그들의 상징으로 사용했다. 그 황소의 모습 아래에는 "둘 중 어느 것을 위해서도 준비가 되어 있고, 두 가지 모두를 위해서도 준비가 되어 있습니다"라는 글이 적혀 있었다. 쟁기질을 하는 것이 하나님의 뜻이면 쟁기질을 하고, 제단에서 죽는 것이 그분의 뜻이면 제단에서 죽고, 얼마 동안 쟁기질을 하다가 제단에서 죽는 것이 그분의 뜻이면 그렇게 하겠다는 것이다. 내가 볼 때, 하나님을 위한 헌신을 그토록 완벽하게 드러내는 상징은 또 없을 것이다.

그 상징은 우리 주 예수 그리스도의 태도를 잘 드러내준다. 우선 그분은 쟁기를 가지고 하는 일(이 땅에서의 수고)을 감당할 준비가 되어 있으셨다. 또한 그분은 희생의 제단(십자가의 죽음)을 위한 준비가 되어 있으셨다. 그분은 한 눈 팔지 않고 변함없는 목적의식을 가지고 십자가를 향해 나아가셨다. 그분의 발걸음은 한 치의 오차도 없었다. 그분은 자신의 관심이 흐트러지거나 곁길로 나가도록 허락하지 않으셨다. 온전히 십자가만을 바라보셨고 온전히 인류의 구원에 몰두하셨는데, 그것은 아버지의 뜻에 온전히 헌신하셨기 때문이다.

옛날의 어떤 찬송가 가사의 표현대로 "우리가 믿지 아니할지라도"(딤후 2:13 참조) 예수님의 성실한 헌신은 변하지 않는다. 그분은 변하지 않으셨다. 앞으로도 변하지 않으실 것이다. 현재 그분은 과거만큼 헌신적이시다. 그분은 '헌신적인 분'이 되기 위해 이 땅에 오셨다. 본래 '헌신적'이라는 단어는 흔히 신(神)에게 바쳐질 희생제물로 선택되고 구별된 동물(종종 어린 양이 사용되었다)을 가리킬 때 사용된 종교적 용어였다. 하나님의 어린양이신 우리 주 예수 그리스도는 죄를 위한 '무한한 희생제물'이 되기 위해 온전히 헌신하셨다.

2. 사람들로부터의 분리

우리가 주목할 두 번째 표현은 '…로부터의 분리'(separation from)이다. 여러 면에서 주님은 일부러 주변 사람들로부터 자신을 분리시키셨다. 우리는 "그리스도께서는 사람들을 위해서 사람들로부터 자신을 분리하셨다"라고 말할 수 있을 것이다. 주님이 사람들과 일정한 거리를 두신 것은 그들에게 싫증이 났거나 그들을 싫어하셨기 때문이 아니다. 오히려 그들을 사랑하셨기 때문에 그렇게 하신 것이다. 그들이 스스로 할 수 없는 것을 그들을 위해 이루시기 위해 그렇게 하신 것이다. 그분은 그들을 구원할 수 있는 유일한 분이셨다.

예수님과의 다른 이유로 주변 사람들과 거리를 둔 이들이 역사 속에서 발견된다. 아테네의 타이먼(Tymen of Athens)은 사람들이 싫어졌기 때문에 산으로 들어가 버렸다. 그는 인류를 미워했기 때문에 자신을 그들에게서 분리시킨 것이다. 하지만 예수 그리스도는 사람들을 사랑하셨기 때문에 그렇게 하셨다. 그들을 위해 그들을 멀리하신 것이다. 예수 그리스도가 이 땅에 오신 것, 그리고 십자가에서 돌아가신 것은 그들을 위한 것이었다. 부활하여 승천하신 것도 그들을 위한 것이었다. 이제 그분은 그들을 위해 하나님 우편에서 중보기도를 하고 계신다.

'…로부터의 분리'라는 말은 예수님의 특징을 드러내는 말이다. 예수님은 죄인들의 죄에 동참하지 않는다는 의미에서 죄인들과 거리를 두셨다. 하지만 그뿐만이 아니다. 그분은 하찮은 것들의 덫을 피하셨다. 우리 그리스도인들의 이런저런 하찮은 것들을 많이 행한다. 그런 것들은 우리의 품격(品格)에 어울리지 않는 것이다. 종이인형을 자르는 것이 아인슈타인의 품격에 어울리지 않는 것처럼 말이다.

우리가 아인슈타인처럼 역사상 가장 머리 좋은 사람 중 하나에 들지는 않을 것이다. 하지만 아인슈타인의 두뇌처럼 우리의 두뇌도 무한한 잠재력을 갖고 있다. 하나님께서는 우리의 영(靈)이 그분과 교제하도록 만드셨다. 하지만 우리는 하찮은 것들로 시간을 보낸다. 예수님은 그렇게 하지 않으셨다. 그분은 하찮은 것들의 덫을 피하셨다. 그분은 사람들이 가까이 하는 사소한 것들을 멀리하셨다.

이제 내가 당신에게 "이제까지 내가 설명한 두 표현, 즉 '…을 위한 헌신'과 '…로부터의 분리'가 예수님의 특징을 나타내는 말이라면 그것들이 예수님을 따른다고 말하는 우리 각 사람의 특징을 나타내는 말도 되어야 한다"라고 굳이 이야기해주어야 하는가? 달리기 대회에 나가는 사람은 평소의 외출복을 입지 않는데, 그것은 경주에 적합한 복장을 하기 위함이다. 병사는 민간인 복장을 하지 않는데, 그것은 전투의 사명을 감당하기 위한 복장과 장비를 갖추기 위함이다. 하나님을 사랑하는 그리스도의 제자들은 하나님을 위한 헌신을 방해하는 모든 것을 벗어버려야 한다.

### 3. 사람들과 하나님께 거부당하심

세 번째 것은 '…에 의해 거부당함'(rejection by)이다. 그리스도께서는 그분의 거룩함 때문에 인류에게 거부당하셨다. 또 그분은 우리의 죄를 짊어지셨기 때문에 십자가에서 성부 하나님께 거부당하셨다. 그분은 우리 대신 죄인으로 간주되셨다. 사도 바울은 이렇게 말했다.

"하나님이 죄를 알지도 못하신 이를 우리를 대신하여 죄로 삼으신 것은 우리로 하여금 그 안에서 하나님의 의가 되게 하려 하심이라"(고후 5:21)

그러니까 예수님은 양쪽으로 거부를 당하신 것이다. 너무 거룩하셨기 때문에 죄로 물든 인간들에게 거부당하셨다. 십자가 희생의 끔찍한 순간에 그분은 우리의 죄로 가득하셨기 때문에 거룩한 하나님께 거부당하셨다. 그분은 양쪽에서 거부당하신 채 하늘과 땅 사이에서 십자가에 달려 계시다가 결국 "다 이루었다 … 아버지 내 영혼을 아버지 손에 부탁하나이다"(요 19:30; 눅 23:46)라고 외치셨다. 그리고 아버지께서는 그분을 받아주셨다.

하지만 예수님이 내 죄와 당신의 죄를 짊어지고 계시는 동안에는 성부께 거부당하셨다. 사람들 중에서 행하실 때도 그분은 그들에게 거부당하셨는데, 그것은 그분의 거룩한 삶이 그들에 대한 끊임없는 책망이었기 때문이다.

4. 우리와 하나 되어주심

네 번째 표현은 '…과 하나 됨'(identification with)이다. 확실히 예수님은 우리와 하나가 되셨다. 그분이 행하신 모든 것은 우리를 위한 것이었다. 그분은 우리 대신에 행하셨다. 우리의 죄를 떠맡으셨다. 우리에게 그분의 의(義)를 주셨다. 그분이 이 땅에서 행하신 모든 것은 우리를 위한 것이었는데, 그분은 성육신(成肉身)을 통해 자신을 인류와 동일시하셨기 때문이다. 십자가 죽음과 부활을 통해 그분은 자신을 속량 받은 인류와 동일시하셨다.

그 결과는 매우 복된 것이다. 그분의 모든 것이 우리의 것이 된다. 그분이 계신 곳에 잠재적으로 우리도 있게 된다. 그분이 어떤 존재시라면 잠재적으로 우리도 그런 존재이다. 물론 그분의 신성(神性)을 빼고 말이다.

5. 하나님의 보좌에서 받아들여지심

끝으로 우리가 살펴볼 표현은 '…에서 받아들여짐'(acceptance at)이다. 우리 주 예수 그리스도는 하나님의 보좌에서 받아들여지셨다. 비록 전에는 거부당하셨지만 지금은 받아들여지신 것이다. 뼈아픈 거부당함이 이제는 기쁨의 받아들여짐으로 바뀐 것이다.

물론 예수 그리스도의 사람들도 그렇게 되었다. 예수님을 통해 우리가 죽었지만 이제는 그분과 하나 됨으로써 살아 있다. 또한 그분과 하나 됨으로써 우리도 성부 하나님의 우편에서 받아들여졌다.

주님의 만찬, 즉 성찬은 벽에 걸려 있는 그림에 지나지 않는 것이 아니다. 그리스도와 그분의 죽음을 상기시키는 염주(念珠)에 지나지 않는 것이 아니다. 성찬은 그리스도를 기념하는 것이다. 그분을 기억하기 때문에 우리는 그 기념에 기쁨으로 참여한다. 성찬을 통해 우리는 우리 서로에게 또 세상에게 그분의 승리의 희생의 죽음을 증거한다. 그분이 오실 때까지 말이다.

PART 4

# 철저한 십자가:
# 그것의 고통

그리스도인에게만 가능한 고난은 그리스도를 위하여 자발적으로 당하는 고난이다.
그것은 우리의 상상을 초월하는 값진 보물의 원천이 된다.
그것은 지극히 귀할 뿐만 아니라 매우 드문데, 이 타락한 시대에 자발적으로
어두운 지하로 내려가 보물을 캐려는 사람이 거의 없기 때문이다.

CHAPTER

# 십자가는
# 화평이 아니라 검이다

**십자가는 검이다**

우리가 언제나 명심해야 할 것이 있다. 교회는 하나님의 가족이기 때문에 하나님의 가족에 대한 충성이 때로는 이 땅의 가족을 묶어주는 유대를 과감히 끊도록 할 때가 있다.

십자가는 검이기 때문에 때로는 친구들을, 때로는 가족을 갈라놓는다. 그리스도께서 언제나 화평을 주시고 서로의 차이를 조정해 해결하시는 분이라는 생각은 그분의 가르침 어디에서도 발견되지 않는다. 오히려 그 반대가 진리이다. 그리스도와 운명을 함께하는 사람은 종종 혈육과 적대 관계에 놓일 수도 있다. 그런 사람은 거듭난 사람들의 공동체에서 진정한 가족의 유대를 발견하게 된다.

물론 가장 바람직한 것은 그리스도인 가정에서 성장하는 것이다. 그런 복된 가정에서 성장한 젊은이가 회심하면 가족 안에 불화가 생기지 않고 오히려 가족의 유대가 강화된다. 고령의 조부모부터 가장 어린 아이들에 이르기까지 가족의 구성원 모두가 기쁨으로 주님을 섬기는 가족을 때때로 볼 수 있는데, 해 아래에 그보다 더 즐거운 일은 별로 없을 것이다.

하지만 그렇지 않은 경우들도 종종 있다. 아니 그렇지 않은 경우들이 좀 더 많다. 가족 안에 그리스도인이 생기면 가족이 분열되는 지경에까지 이르지는 않는다 할지라도 적어도 식구들의 관심사가 서로 달라지기 때문에 가족의 유대가 어려워지곤 한다.

오늘날 기독교가 그토록 연약한 것은 무슨 이유 때문인가? 그것은 스스로를 가리켜 그리스도의 추종자라고 말하는 많은 사람들이 세상 사람들과, 특히 친인척들과 사이좋게 지내기 위해 신앙적인 것들을 쉽게 양보해버리기 때문이다. 20세기 중반의 기독교 철학은 유화(宥和)의 철학이다. '평화와 연합'이 대부분 기독교 지도자들의 카스토르와 폴룩스(Castor and Pollux, 고대 신화에 나오는 쌍둥이 형제로, 서로에게 헌신적인 용맹스런 전사)가 되었고, 진리는 늘 그들의 제단에서 희생 제물로 바쳐진다.

빛과 어둠의 조화가 (신약성경의 표현을 인용해서 말하자면) '땅 위의 평화'라고 믿는 사상은 전통적 기독교 사상과는 완전히 다른 것이다. 우리 주님께서는 악인들의 선한 의지(意志)를 인정하지 않으셨다. 또 유대인이든 이교도이든 심지어 그분의 육신적 가족의 일원이든 간에 그 누구의 비위를 맞추기 위해 자신의 메시지의 한 단어라도 바꾸는 일이 그분에게는 절대 없었다.

"그 형제들까지도 예수를 믿지 아니함이러라"(요 7:5).

성령의 끈과 함께 혈육의 끈을 붙드는 사람은 십자가의 의미를 이해하지 못한 것이다.

"육으로 난 것은 육이요 영으로 난 것은 영이니"(요 3:6).

부활의 영광이 이르면 모든 육신적 관계는 소멸될 것이다. 물론 남편과 아내의 관계도 그렇게 될 것이다. 그렇기 때문에 우리 주님은 우리가 그분을 따르기 위해서는 가족의 유대를 끊어버려야 하는 상황에 처할 수도 있다고 분명히 말씀하셨다.

"내가 세상에 화평을 주려고 온 줄로 아느냐 내가 너희에게 이르노니 아니라 도리어 분쟁하게 하려 함이로라 이후부터 한 집에 다섯 사람이 있어 분쟁하되 셋이 둘과, 둘이 셋과 하리니 아버지가 아들과, 아들이 아버지와, 어머니가 딸과, 딸이 어머니와, 시어머니가 며느리와, 며느리가 시어머니와 분쟁하리라 하시니라"(눅 12:51-53).

"무릇 내게 오는 자가 자기 부모와 처자와 형제와 자매와 더욱이 자기 목숨까지 미워하지 아니하면 능히 내 제자가 되지 못하고 누구든지 자기 십자가를 지고 나를 따르지 않는 자도 능히 내 제자가 되지 못하리라"(눅 14:26,27).

## 최우선을 요구하시는 예수님

그리스도의 말씀에 따르면, 그분을 믿는 자는 '다른 더 높은 차원의 충성심'을 가져야 한다. 그리스도는 최우선권(最優先權)을 요구하신다. 그렇다! 그리스도가 최우선권을 가지셔야 한다. 그분의 진정한 제자에게 있어 그것은 가족보다 그분이, 나라보다 그분이, 목숨보다 그분이 앞서야 한다는 것을 의미한다. 육신은 영(靈)을 위해 희생되어야 하고, 하늘의 것이 이 땅의 것보다 앞서야 한다. 어떤 대가를 치르더라도 그렇게 되어야 한다. 우리가 십자가를 질 때 우리는 희생되어야 한다. 뿐만 아니라 우리가 사람들과 맺고 있는 우정이나 우리가 전에 충성했던 것들도 희생되어야 한다. 그럴 때 그리스도께서 모든 것이 되신다.

편하고 솜사탕처럼 달콤한 기독교를 믿으려는 경향이 강한 이 시대에 이 진리를 깨달으려면 내적 조명(照明)이 있어야 하고, 그 조명을 받아들일 수 있는 진정한 믿음이 있어야 한다. 이 두 가지를 위해 우리는 시간이 다 가기 전에 기도해야 한다.

CHAPTER

# 그리스도인은
# 고난을 피할 수 없다

**인생의 고난**

성경은 고난에 대해 아주 많은 이야기를 하는데 그것의 대부분은 우리에게 용기를 준다.

현재 기독교 안에 널리 퍼진 분위기는 고난의 교리에 대해 호의적이지 않다. 하지만 성경이 많은 부분을 할애하여 고난의 교리에 대해 말하기 때문에 새 창조의 자녀들은 경건한 마음으로 그것에 깊은 관심을 기울여야 한다. 고난의 교리를 소홀히 할 여유가 우리에게는 없는데, 그것을 이해하든 이해하지 못하든 간에 우리는 고난을 당하지 않을 수 없기 때문이다. 인간으로서 우리는 고난을 피할 수 없다.

모태에서 세상에 갓 나온 아기의 울음소리부터 임종을 맞은 고령의 사람의 입에서 나오는 고통스런 헐떡거림에 이르기까지 고난과 고통은 인생 여정 전체에 걸쳐 인간을 따라다닌다. 이런 고난에 대해 하나님께서 말씀해주시는 것을 배우면, 고난이 찾아올 때 어떻게 행동하고 무엇을 기대해야 할지를 알 수 있으므로 유익하다.

기독교는 인간의 삶에 영향을 끼치는 모든 것을 논제(論題)로 삼아 온전히 효과적으로 다룬다. 고난이 인간의 삶의 한 부분이기 때문에 그리스도께서도 고난을 당하셨고 고난을 통해 순종을 배우셨다. 성도가 고통당할 때 그리스도께서는 그 고통이 어떤 것인지를 잘 알고 계신다. 우리 주님은 과거에 이 땅에서 한 번 고통을 당하고 끝내신 것이 아니다. 지금도 주님은 자신의 사람들과 함께 고통당하신다. 어떤 옛 성도는 젊은 그리스도인이 순교하는 것을 보고 "우리 주님께서 자신의 종의 몸 안에서 고통당하시는 것을 보라!"라고 외쳤다고 한다.

당신이 탄식할 때
당신의 창조주께서 곁에 계시지 않다고 생각하지 말라.
당신이 눈물 흘릴 때
당신의 창조주께서 가까이 계시지 않다고 생각하지 말라.

그런데 아무에게도 유익을 주지 못하는 고난이 있다. 구원받지 못한 자들의 반항적이고 쓰라린 고난이 바로 그것이다. 그리스도 밖에 있는 자들도 많든 적든 고난을 받지만 그 고난을 통해 더 지혜로워지거나 더 향상되지 않는다. 그들에게 있어 고난은 죄의 비극적 유산의 일부라고 말할 수 있고 또 지옥 고통의 전조(前兆)라고 말할 수 있다. 그런 사람들에게 우리가 해줄 말은 사실 많지 않다. 그런 사람들을 위해 우리가 해줄 수 있는 것은 그리스도의 이름으로, 또는 인류애(人類愛)의 이름으로 그들의 고통을 최대한 줄여주려고 노력하는 것 정도이다. 그들의 피부색과 인종과 신조가 무엇이든 간에 우리는 그들에게 그 정도는 해주어야 한다.

**고난을 통해 하나님의 보물을 캐라**

육체를 가지고 이 땅에 사는 동안 우리는 이 땅의 다른 모든 사람들과 마찬가지로 다소간 고난을 당하지 않을 수 없다. 실망, 실패, 이별, 배신, 사별 등 이런 수천 가지 고통은 인간이라면 누구에게나 찾아올 수 있는 것이다. 그런 것들은 상대적으로 유익이 적은 고난이지만 그래도 그리스도의 추종자들에게 나름대로 유익을 줄 수는 있다.

반면 '성화(聖化)된 슬픔'이라고 부를 수 있는 고난이 있다.

그것은 누구에게나 생길 수 있는 것이지만, 하나님을 사랑하는 마음으로 복종하면서 지혜롭게 받아들인 그리스도인에게는 유익을 준다. 그런 고난이 임할 때 우리는 지혜롭게 대처하여 그로부터 유익을 얻어야 한다.

하지만 전혀 다른 종류의 고난이 있는데, 그것은 그리스도인에게만 가능한 고난이다. 그것은 그리스도를 위하여 자발적으로 당하는 고난이다. 그것은 우리의 상상을 초월하는 값진 보물의 원천이 된다. 그것은 지극히 귀할 뿐만 아니라 매우 드문데, 이 타락한 시대에 자발적으로 어두운 지하로 내려가 보물을 캐려는 사람이 거의 없기 때문이다. 그러나 우리는 자발적으로 그런 선택을 해야 한다. 자발적 선택 외에는 지하로 내려가는 방법이 없기 때문이다.

하나님께서는 우리를 억지로 그런 고난 속으로 몰아넣으시지 않는다. 그분은 우리에게 십자가를 지우시지도 않고, 우리가 원하지 않는 보물로 우리를 놀라게 하시지도 않는다. 하나님의 보물은 그리스도를 위해 고난을 받고 영적 병사가 되어 죽기까지 섬기겠다고 자원하여 마귀에게 대항하며 지옥의 세력을 분노하게 만드는 삶을 사는 사람들을 위해 준비되어 있다. 그런 사람들은 세상의 하찮은 것들을 끊어버렸고, 하나님의 사람들과 함께 고난을 받겠다고 선택했고, 수고와 고난의 길을 이 땅에서 가야 할 길로 받아들였다. 십자가의 흔적들이 그들에게 있으며, 천국과 지옥이 그들의 이름을 알아준다.

그런데 지금 그런 사람들이 어디에 있는가? 모두 죽어서 이 세상을 떠났는가? 하나님의 성도들이 편안한 삶을 얻겠다고 아우성치는 무리와 똑같이 되고 말았는가? 십자가가 이제는 한낱 상징이 되고 말았는가? 지금보다 고상했던 과거가 남긴 핏기 없고 메마른 유물(遺物)이 되고 말았는가? 지금 우리는 고난을 두려워하고 죽기를 망설이는가?

나는 이 모든 것이 사실이 아니기를 바라지만, 혹시라도 그렇게 된 것이 아닌가 하는 생각이 든다. 이것에 대해서는 오직 하나님만이 대답하실 수 있을 것이다.

# 십자가는
# 십자가로 받아들여야 한다

**편안한 길을 거부하라**

　과거 신앙의 위인들은 쉬운 길을 따라서 신앙생활을 하려고 하지 않았다. 아무 희생 없이 얻을 수 있는 싸구려를 하나님께 드리기를 원하지 않았다. 그들은 안락함을 추구하지 않고 거룩함을 추구했다. 역사의 기록은 지금도 그들의 피와 눈물로 젖어 있다.

　지금 우리는 과거보다 편안한 시대에 살고 있다. 그런 우리에게 화(禍)가 있을 것이다! 그것은 우리가 능력 없이 편안히 사는 법에 숙달되었기 때문이다.

　우리가 우리 자신을 담대히 십자가에 못 박아 죽이도록 우리를 이끌고자 하시는 성령의 인도하심은 무엇보다도 하나님 말씀에서 이끌어낸 우리의 교묘한 궤변에 의해 거의 약화된다.

요즈음 나는 사람들이 다음과 같은 궤변을 늘어놓는 것을 종종 듣게 된다.

"과거에 나는 내게 능력이 없어서 영적 열매를 맺지 못한다고 생각했습니다. 하지만 그러던 어느 날 주님이 내게 '내 자녀야'라고 부르며 말씀하셨습니다."

그런 다음 그들은 '내 자녀야'라는 말 다음에 그들의 연약함과 과도한 자기보호를 너그럽게 봐주시는 주님의 말씀을 인용한다. 그렇게 함으로써 그들은 자신들이 만들어낸 방어적 논리를 정당화하기 위해 하나님의 영감으로 기록된 말씀의 권위를 이용하는 것이다.

그런 식으로 교묘히 얼버무려 넘기면서 자신을 정당화하려는 사람들은 내 말이나 글에 큰 영향을 받지 않을 것이다. 하지만 마치 심판의 천둥소리를 자장가 삼아 깊이 잠들 듯이 거룩한 성경 말씀을 도피처로 삼는 사람만큼 완전히 무감각해진 사람은 없다.

그러므로 나는 내 말을 들을 의향이 있는 사람들에게 최대한 절박하게 말하고 싶다.

"십자가가 시인과 화가에 의해 미화되었지만, 하나님을 간절히 찾는 사람에게 있어 십자가는 옛날과 마찬가지로 아주 잔인한 사형 도구일 뿐이다."

지금도 십자가의 길은 영적 능력과 결실(結實)로 가는 매우 고통스런 길이다.

십자가를 피하려고 애쓰지 말라. 편안한 길을 거부하라. 능력도 열매도 없이 교인들의 등을 두드려주어 편히 잠들게 만드는 교회에 안주하지 말라. 십자가에 물감을 칠하지 말고 꽃으로 장식하지 말라. 십자가를 십자가로 받아들여라. 그러면 그것이 죽음과 생명에 이르는 힘든 길이라는 것을 알게 될 것이다. 십자가 당신을 완전히 죽이게 하라. 하나님을 찾으라. 거룩함을 추구하고, 당신이 당하게 될 고난을 두려워하지 말라.

**십자가에 못 박힌다는 것의 의미**

언젠가 어떤 젊은이가 '더 깊은 삶'과 '십자가에 못 박힌 삶'을 가르치는 늙은 성도를 찾아갔다. 젊은이는 "어르신, 십자가에 못 박힌다는 것이 무엇을 의미합니까?"라고 물었다. 늙은 성도는 잠시 생각하더니 이렇게 대답했다.

"그것은 세 가지를 의미하네. 우선, 십자가에 못 박힌 사람은 한 쪽 방향밖에 볼 수 없지."

그렇다! 오직 한쪽만 보는 것이다! 뒤에서 무슨 소리가 들린다 할지라도 십자가에 달린 사람은 몸을 돌이켜 뒤를 볼 수 없다. 그는 뒤를 돌아보는 일을 끊은 사람이다. 십자가에 못 박힌 사람은 오직 한 방향만을 보게 되는데, 그것은 하나님과 그리스도와 성령님이 계신 방향이요, 교회를 세우는 방향이요, 성화(聖化)의 방향이요, 성령충만한 삶의 방향이다.

늙은 성도는 덥수룩한 반백의 머리털을 긁으며 "젊은이, 십자가에 달린 사람이 할 수 없는 것이 또 있는데, 그것은 자기가 있었던 곳으로 다시 돌아가는 것이라네"라고 말했다.

그렇다! 십자가에 달리기 위해 집을 나서는 사람이 그의 아내에게 "여보, 5시 직후에 다시 돌아오겠소"라고 말할 수 없다. 십자가에 못 박히기 위해 떠나는 사람은 영영 작별인사를 해야 한다. 다시는 돌아오지 못하기 때문이다! 이것을 우리가 더 강조한다면, 그리스도인으로서 편하게 살겠다고 발버둥치는 경멸스런 짓을 우리가 중단한다면 회심자들이 더 많이 생길 것이고 그들은 신앙을 버리지 않을 것이다.

그 옛 성도는 또 "젊은이, 십자가에 못 박힌 사람이 가질 수 없는 또 다른 것은 자기 자신의 계획이라네"라고 말을 이었다. 나는 그의 이 말이 참 좋다. 십자가에 못 박힌 사람의 계획은 모두 무효가 되어버린다. 그의 계획에 대한 결정권은 누군가 다른 사람의 손으로 넘어가버린다. 언덕에 올라가 죽어야 할 입장이기 때문에 그에게는 자기의 계획이란 것이 있을 수 없다.

오늘날 많은 그리스도인이 바쁘게 살아간다. 그런데 그들이 무엇 때문에 바쁜가? 그들은 자기들의 계획 때문에 바쁜 것이다. 그들은 그리스도와 복음주의 기독교의 이름으로 이미 끝난 사람들임에도 불구하고 세상에 대한 미련을 버리지 못했기 때문에 그들의 계획 중 일부는 세상 사람들의 계획 못지않게 육신적이다.

"내가 그리스도와 함께 십자가에 못 박혔다"라고 고백하고, 그리스도의 계획을 우리의 계획으로 받아들이는 것은 지극히 아름다운 일이다. 침묵 가운데 하나님 앞에서 20분간 무릎을 꿇고 있어보라. 그러면 때로 당신은 이런저런 책이나 교회에서 배우는 것보다 더 많은 것을 배우게 될 것이며, 주님은 당신을 위한 그분의 계획을 당신에게 알려주실 것이다.

교회의 각종 위원회들이 회의 시간을 줄이고 그 대신 하나님과 더 많은 시간을 보내게 된다면, 한밤중에 피곤한 몸을 의자에 기댄 채 의논하지 않아도 될 것이다. 다시 말하지만, 기도하면서 하나님을 기다리는 시간을 늘린다면 논쟁과 의논의 시간이 많이 줄어들 것이며, 그분은 당신에게 성령을 주시고 그분의 계획을 알려주실 것이다.

CHAPTER

# 자아를
# 십자가에 못 박으라

### 자신의 육신을 죽여라

우리가 해야 할 것은 육신을 억제하는 것, 즉 육신을 죽이는 것이다. 그리스도인들은 자신이 육신과 싸우지 않으면 안 된다는 사실을 인정해야 한다. 내가 말하는 '육신'(flesh)은 우리의 '몸'(body)이 아니다. 우리의 몸은 피와 살과 뼈로 이루어져 있을 뿐이다. 하나님이 우리의 몸에게 진노하신다는 과거 수도사들의 사상(思想)은 어처구니없는 사상이다. 비유적으로 말해, 우리의 몸은 우리가 입고 다니는 옷과 같다. 우리의 몸은 본질적으로 선한 것도 아니고 악한 것도 아니다. 그렇기 때문에 철학자들은 이것을 '초도덕적'(超道德的)인 것이라고 불렀다. '도덕적인' 것도 아니고 '비도덕적인' 것도 아니라 중립적인 것이라는 뜻이다. 다시 말하지만, 성경이 "너희 육신을 억제하라"라고 말할 때 그것은 우리의 뼈, 살, 피, 머리카락, 치아, 눈, 위장 그리고 피부를 죽이라는 말이 아니다. 우리의 육신을 죽이라는 것은 우리의 자아, 우리의 옛 사람, 우리 안의 악(惡)을 죽이라는 말이다.

양파 밭에서 양파를 뽑아내듯이 옛 사람을 우리에게서 뽑아낼 수 있다면 오죽 좋겠는가! 그렇게 할 수 있다면, 옛 사람이 사라진 우리 자신을 보며 큰 자긍심을 느낄 것이다. 하지만 아주 유감스럽게도, 이 '육신'이라는 것이 바로 우리 자신이다. 주님이 "육신을 억제하라"라고 우리에게 말씀하실 때 그것은 우리의 몸을 굶기거나 못이 박힌 침대 위에 눕혀서 괴롭게 하라는 뜻이 아니다. 그것은 우리의 육신을 십자가에 못 박으라는 뜻이다. 즉, 그것은 그리스도의 십자가를 통해 우리의 육신을 억제하는 것이다. 이것은 우리로서는 지극히 힘든 것이고, 사실 사람들은 이렇게 하기를 매우 싫어한다.

과거에 어떤 사람들은 육신을 십자가에 못 박는 교리를 매우 강조함으로써 새로운 교파를 출범시켰다. 그러나 안타깝게도, 이것은 이제 옛날이야기가 되어버렸다. 지금 사람들은 이런 교리를 박물관의 골동품 정도로 생각하는 것 같다.

**나의 옛 사람**

내가 말하는 '옛 사람'은 무엇인가? 그것은 당신의 교만, 비열함, 분노, 심술궂음, 색욕(色慾), 다툼 같은 것들이다.

목회자들이여! 내가 말하는 '옛 사람'은 무엇인가? 더 큰 교회로 가려고 애쓰는 것, 교인들의 헌금 액수가 적다고 불평하는 것, 교회에 큰 고기는 없고 작은 고기만 있다고 원망하는 것, 기도를 소홀히 하면서 과도하게 책상물림으로 지내는 것, 경건이 아닌 학위에만 착념하는 것, 이런 것들이 목회자의 '옛 사람'이다.

집사들이여! 내가 말하는 '옛 사람'은 무엇인가? 교회의 각종 회의(會議)에서 당신의 잘못된 주장을 철회하지 않고 버티면서 불쌍한 목회자를 지치게 만드는 것이 당신의 '옛 사람'이다.

찬양대원들이여! 내가 말하는 '옛 사람'은 무엇인가? 혹시 당신은 당신보다 노래를 더 잘하는 사람을 미워하지 않는가? 혹시 당신은 당신의 실력이 부족하다는 것을 모든 사람이, 특히 찬양대 지휘자가 잘 알고 있지만 굳이 당신이 솔로를 하겠다고 고집하지는 않는가? 우리는 이런 옛 사람을 경건한 표정과 말투와 몸가짐 속에 숨기고 있지는 않는가? 겉으로는 앗시시의 프란시스(Francis of Assisi, 1181~1226. 이탈리아의 성인으로 프란체스코 수도회의 창설자)처럼 미소를 짓지만 속에는 육신적인 것들로 가득하지 않은가? 당신의 육신을 억제하라. 그렇지 않으면 당신의 육신이 당신을 죽일 것이다. 오늘날이 어떤 시대인가? 육신은 스스로를 도덕적인 것으로 교묘하게 위장하여 우리에게 접근한다. 그리하여 우리는 육신적인 것을 지극히 정상적인 것으로 착각한다. 뿐만 아니라 우리는 육신적인 것을 합리화하고 너그럽게 봐주는 사상을 발전시키는 부끄러운 짓을 자행한다.

어떤 사람은 주위 사람들에게 화를 내고 금방 아무렇지도 않은 듯이 기도를 하곤 한다. 이런 사람의 기도는 중언부언하다가 끝나고 만다. 나는 이런 사람을 신뢰하지 않는다. 목사이든 평신도이든 그 누구든 화를 잘 내는 사람은 신령한 사람이 아니라고 나는 단언한다. 그런 사람은 육신적인 사람이므로, 불과 피로써 깨끗하게 씻겨야 한다. 화를 내는 것은 죄를 짓는 것이다. 그런데도 우리는 육신적인 것을 당연한 것으로 인정한다. 우리는 겸손히 참고 인내하는 사람이 존중받는 것이 아니라 오히려 화를 내는 교만한 사람이 더 대접받는 문화를 만들어내고 말았다.

**내게 송곳을 주신 하나님**

몇 년 전 하나님은 내게 날카로운 송곳을 주시면서 "아들아,

교만하게 부풀어 오른 네 자아(自我)에 구멍을 내라"라고 말씀하셨다. 나는 그 송곳으로 내 자아를 찔렀으며, 바람이 '쉿' 소리를 내며 내 자아에서 조금씩 빠져나가기 시작했다. 그러자 이곳저곳에서 불평의 소리가 들리기 시작했다. 왜냐하면 과대 포장되어 부풀어 올랐던 내가 본래의 나 자신으로 작아지는 것을 본 사람들이 실망을 느꼈기 때문이다. 하지만 나는 개의치 않았다. 오히려 나는 과대 포장된 자아를 훌훌 벗어버리는 것이 즐거웠다.

젊었을 때 나는 총 쏘기를 아주 즐겼다. 22구경 회전식 연발 권총을 즐겨 사용했다. 한가한 시간에 재미 삼아 친구와 함께 야외로 나가 표적을 만들어놓고 총을 쏘았다. 우리는 그 표적을 '진흙 닭'이라고 불렀는데, 왜냐하면 진흙을 닭 모양으로 만들었기 때문이다. 그런데 우리가 그것에 깃털들을 많이 꽂았기 때문에 그것은 실제보다 훨씬 더 커보였다. 오늘날 대부분의 그리스도인들도 이와 같다. 우리가 깃털을 꼿꼿이 세우고 있기 때문에 사람들은 우리가 실제로는 얼마나 작은지를 알지 못한다. 우리는 얼마나 과대 포장되어 있는가!

'억제하다'(mortify)라는 영어 단어의 라틴어 어원과 '영안실'(mortuary)이라는 단어의 라틴어 어원은 동일하다. 우리가 잘 알듯이, 영안실은 '죽은 사람'을 두는 곳이다. 그러므로 이 단어들에는 '죽음'이라는 뜻이 내포되어 있다. 육신을 억제한다는 것은 육신을 죽인다는 것이다. 그러나 유감스럽게도, 지금 우리는 육신을 죽이는 것에 대해 별로 이야기하지 않는다. 설사 이야기를 한다 해도, 육신을 죽이는 것이 본래의 크기로 작아지는 것이라고 믿지 않는다.

그러나 명심하라. 허세적(虛勢的)인 깃털들을 다 뽑아버리고 본래의 크기로 작아지지 않는 한 결코 신령한 사람이 될 수 없다는 것을! 당신 자신을 부인하라. 당신이 그리스도와 함께 십자가에 못 박혀 죽었다고 믿어라. 그리스도의 보혈과 성령의 능력이 당신의 믿음을 현실로 만들 것이라고 믿어라. 그리고 이 믿음대로 살라.

어떤 사람들은 경건한 모습으로 예배를 드리지만, 마음속에 여전히 원한과 분노가 남아 있다. 그들은 여전히 돈을 사랑하고 화를 잘 낸다. 그러면서도 그들은 자기들이 예배에 빠짐없이 참석했노라고 자랑한다. 그들은 거룩한 체하는 사람들이며 완전히 속고 있는 사람들이다. 우리는 육신을 죽여야 한다. 그렇지 않으면 육신이 우리를 죽일 것이며, 우리에게는 아무 능력도 기쁨도 열매도 유익도 승리도 없을 것이다.

# 세상의 길이 아닌
# 십자가의 길을 따라가라

**그리스도의 고난에 참여하는 것**

성경을 읽은 사람들 중에는 "왜 엘리야 같은 사람들이 살아 계신 하나님께 그토록 큰 능력을 얻었는지 이해할 수 없다"라고 말하는 사람들이 있다. 하지만 그 이유는 간단하다. 엘리야가 하나님의 말씀을 들었기 때문에 하나님께서도 그의 기도를 들으신 것이다. 엘리야가 하나님의 말씀에 따라 행하였기 때문에 하나님께서도 그의 기도대로 이루어주신 것이다. 우리는 이런 상호작용을 부인할 수 없다.

우리의 삶을 향한 하나님의 적극적인 뜻을 존중하는 마음이 우리에게 있다면 우리는 십자가를 개인적으로 알게 되는데, 그것은 복되고 고통스럽고 열매 맺는 고난의 자리에서 하나님의 뜻이 발견되기 때문이다.

사도 바울은 그것을 잘 알았다. 그는 그것을 '그리스도의 고난에 참여하는 것'이라고 말했다. 내가 확신하건대, 우리에게서 영적 능력이 거의 나타나지 않는 이유 중 하나는 '그리스도의 고난에 참여하는 것', 즉 '십자가를 지는 것'을 싫어하기 때문이다.

주 예수님이 친히 보여주신 고난의 길을 가기 싫어하면서 그분과 어떻게 친밀하고 복된 교제를 나눌 수 있겠는가? 하나님의 뜻을 십자가와 연결시키기를 거부하기 때문에 우리는 그런 교제를 나눌 수 없다.

### 순종에는 십자가의 고통이 따른다

위대한 성도들은 모두 십자가를 잘 알았다. 심지어 그리스도께서 오시기 전에 살았던 성도들도 그랬다. 그들은 십자가가 본질적으로 무엇을 의미하는지 알았으며, 하나님의 뜻에 순종하기 위해 십자가를 졌다.

온전한 순종의 삶을 사는 그리스도인들은 모두 십자가를 체험하게 되며, 자주 영적으로 훈련받게 된다. 그들은 자기 마음의 연약함을 알기 때문에 십자가가 찾아올 것에 대비하여 싸울 준비를 하게 된다.

구약의 야곱을 생각해보라. 그러면 그의 십자가가 어디에서 왔는지를 알게 될 것이다. 그의 십자가는 그의 육신적 자아(自我)에서 왔다! 그가 자기의 마음이 어떤 것인지를 알고 자기의 십자가가 바로 자기 자신이라는 것을 인정하고 고백하기까지는 많은 세월이 걸렸다.

다니엘에 대한 기록을 읽어보라. 그러면 그의 십자가가 '세상'이었다는 것을 알게 될 것이다. 욥의 이야기를 읽어보면 그의 십자가가 '마귀'였다는 것을 알게 될 것이다. 마귀가 욥을 십자가에 못 박았고, 세상이 다니엘을 십자가에 못 박았다. 야곱은 '야곱다움', 즉 자신의 육신적 본능이라는 십자가에 못 박혔다.

신약에 기록된 사도들의 삶을 연구해보라. 그러면 그들의 십자가가 종교적 권세를 쥐고 있는 자들로부터 왔다는 것을 알게 될 것이다. 교회 역사(歷史)를 읽어본 사람은 루터의 십자가가 나무 십자가를 그토록 많이 만들어낸 로마가톨릭에서 왔다는 것을 알게 될 것이다. 존 웨슬리의 십자가는 개신교로부터 왔다. 하나님의 뜻을 따른 위대한 신앙인들의 이름을 생각해보라. 그러면 믿음으로 소망을 품고 살았던 사람들이 생각날 것이다. 예외 없이 그들의 순종은 그들을 복되고 고통스럽고 열매 맺는 고난의 자리로 이끌었다.

그런데 여기서 나는 어떤 사람들의 잘못된 생각을 지적하지 않을 수 없다. 그들은 "우리의 몸이 예수님을 따라가면 우리가 그분처럼 언덕에 올라가 죽을 수 있다"라고 말한다. 그러나 예수님께서 이 땅에 계실 때 사람들이 십자가를 피하는 가장 쉽고 편한 길은 육체가 그분을 따라가는 것이었다. 당시 누구든지 "나는 예수님을 따라갈 것이다"라는 이유를 내세우며 일을 그만두고 떠날 수 있었다. 당시 수많은 사람들이 그렇게 했다. 그들은 육체적으로 그분을 따랐지만, 영적으로는 그분을 이해하지 못했다. 다시 말하지만, 예수님 당시 십자가를 피하는 가장 쉽고 편한 길은 그것을 육체적으로 지는 것이었다.

그러나 형제자매들이여! 우리의 몸이 예수님을 따라 먼지투성이의 좁을 길을 가는 것이 십자가를 지는 것이 아니다. 두 개의 십자가가 서 있는 언덕으로 올라가 그 사이에서 십자가에 못 박히는 것이 십자가를 지는 것은 아니다. 우리가 하나님의 뜻에 순종하기 때문에 우리에게 고통과 고난과 곤경이 찾아온다면, 바로 그것이 우리의 십자가이다. 언제나 하나님의 참된 성도들은, 전심으로 하나님께 순종하면 즉시 십자가에 못 박힐 수밖에 없다는 것을 체험으로 보여주었다.

### 십자가 너머의 부활

그리스도와 연합한다는 것은 그분과 하나가 된다는 것이며, 그분과 하나가 된다는 것은 그분과 함께 십자가에 못 박힌다는 것이다. 하지만 우리는 한 걸음 더 나아가 그분과 함께 부활해야 한다. 십자가 뒤에는 부활과 그분의 임재가 있기 때문이다.

나는 죽음의 메시지까지만 전하고 그 다음 단계로 넘어가지 못하는 일부 설교자들의 실수를 반복하고 싶지 않다. 그들은 죽음만을 자꾸 강조하느라고 사람들을 죽음 너머에 있는 부활의 생명과 승리까지 이끌고 가지 못한다.

나는 내가 젊었을 때 겪은 일이 지금도 생각난다. 성령충만을 받은 후 나는 영적으로 깨어 있었다. 그러던 중 십자가에 대한 책을 한 권 읽게 되었다. 그 책은 제1장에서 독자를 십자가에 못 박았는데 마지막 장에서도 독자를 십자가에 그대로 매달아 두었다. 그 책은 처음부터 끝까지 우울한 분위기의 연속이었다. 그 책이 오직 죽음만을 얘기했기 때문에 나는 우울한 마음을 극복하느라 매우 힘들었다. 그러다가 나는 앨버트 B. 심슨 박사(토저가 속했던 교단 '기독교선교연합'의 설립자-역자 주)에게 큰 도움을 받았다. 그는 십자가와 자아의 죽음이 어떤 것인지를 탁월하게 설명해주었다. 하지만 그는 십자가의 의미를 밝혀주는 것에서 끝나지 않고 십자가 너머에 무엇이 있는지를 알려주었다. 그에 따르면 십자가 다음에는 부활의 생명과 능력, 부활의 구주와의 하나 됨, 그리고 그분의 사랑의 임재가 있다.

15세기의 한 성도(《미지의 구름》의 저자로 이름이 알려지지 않았다)는 "하나님께서는 우리 각 사람에게 십자가를 만들어주는 데 매우 능하신 분이다"라고 말했다.

그의 이 말을 고려할 때 나는 이렇게 말할 수밖에 없다.

"어떤 그리스도인들이 '나는 믿음으로 그리스도와 함께 십자가에 못 박혔다'라고 말할 때 그들은 단지 전문적 용어를 사용하여 말하는 것이지 실제 십자가에 대해 말하는 것이 아니다".

하나님께서는 그분의 자녀들이 십자가를 알기 원하신다. 우리가 주 예수 그리스도와 하나 될 때 비로소 우리에게 유익이 주어질 수 있다는 것을 그분은 잘 아신다. 그러므로 그분은 순수한 마음으로 우리에게 십자가를 만들어주신다.

방금 언급한 15세기 성도의 말을 계속 들어보자.

"하나님께서는 무거운 쇠나 납으로 십자가를 만들어주신다. 하지만 지극히 가볍게 보이는 지푸라기로도 십자가를 만들어주신다. 그런데 지푸라기 십자가를 져본 사람은 그것이 쇠나 납으로 만든 십자가보다 결코 쉽지 않다는 것을 알게 된다. 남들이 가볍게 여기는 지푸라기 십자가가 당신을 완전히 죽일 수 있다. 하나님은 금이나 보석으로 십자가를 만들어주실 수도 있다. 그런데 대중이 부러워하는 눈부신 금 십자가니 보석 십자가도 멸시받는 십자가처럼 당신을 완전히 죽일 수 있다."

높은 지위에 있는 그리스도인들도 있고, 부(富)와 영향력을 가진 그리스도인들도 있다. 그들은 대중이 부러워하는 눈부신 십자가에 대해 어느 정도 알지도 모른다. 그들이 그런 십자가를 진다면 그것은 다른 십자가들처럼 그들을 완전히 죽일 것이다.

내가 볼 때, 하나님께서는 우리가 가장 좋아하는 것이 우리에게 십자가가 되도록 하시는 것 같다. 왜냐하면 우리가 제일 좋아하는 것이 고통의 십자가로 변할 때, 우리는 영원한 가치들이 얼마나 귀한 것인지를 깨닫게 되기 때문이다.

또한 종종 하나님께서는 성령에 사로잡혀 사는 삶에 육체적 연약함을 덧붙이는 것을 기뻐하시는 것 같다.

15세기의 성도는 "이 두 십자가가 결합하면 가장 유익한 결과를 낳는데 그것들은 사람을 머리부터 발끝까지 못 박기 때문이다"라고 말했다.

고백하건대, 15세기 성도의 이 말을 읽었을 때 나는 큰 충격을 받았다. 왜냐하면 예수 그리스도께서 머리부터 발끝까지 못 박히셨다는 것을 새롭게 깨달았기 때문이다. 사람들이 그분을 십자가에 못 박았을 때 그분의 온몸이 못 박혔고, 그분의 거룩한 본성의 모든 부분이 십자가의 고통을 한 방울도 남김없이 느끼셨다.

하나님의 자녀는 십자가가 의미하는 모든 것을 받아들일 준비가 되어 있어야 한다. 그렇지 않으면 시험을 통과할 수 없다. 세상이 열광하고 칭찬하는 모든 것이 실상은 어떤 것인지 우리가 깨닫도록 우리를 훈련하시는 것이 하나님의 계획이다. 우리를 무한히 높이기 위해 하나님께서는 우리를 가차 없이 대하신다. 그분의 아들을 십자가에서 그렇게 대하셨듯이 말이다.

### 영원한 유익을 위해

하나님께서 예수 그리스도의 인격과 지상 사역에 대해 내리신 놀라운 평가는 "너희 안에 이 마음을 품으라 곧 그리스도 예수의 마음이니"(빌 2:5)라는 사도 바울의 말에 담겨 있다. 이 말에 이어지는 바울의 말을 계속 들어보자.

"그는 근본 하나님의 본체시나 하나님과 동등됨을 취할 것으로 여기지 아니하시고 오히려 자기를 비워 종의 형체를 가지사 사람들과 같이 되셨고 사람의 모양으로 나타나사 자기를 낮추시고 죽기까지 복종하셨으니 곧 십자가에 죽으심이라"(빌 2:6-8).

그런데 다시 이어지는 바울의 첫 마디, 즉 '이러므로'라는 단어에 우리는 주목해야 할 것이다.

" '이러므로' 하나님이 그를 지극히 높여 모든 이름 위에 뛰어난 이름을 주사 하늘에 있는 자들과 땅에 있는 자들과 땅 아래 있는 자들로 모든 무릎을 예수의 이름에 꿇게 하시고 모든 입으로 예수 그리스도를 주라 시인하여 하나님 아버지께 영광을 돌리게 하셨느니라"(빌 2:9-11).

이런 말씀을 볼 때 나는 하나님께서 무한히 높이기를 원하시는 사람들을 가차 없이 십자가에 못 박으신다고 믿지 않을 수 없다. 그러므로 우리 신자들은 우리의 자산(資産)으로 여기는 인간적 능력과 재능과 업적 같은 것들에 대한 모든 통제권을 하나님께 넘겨드려야 한다. 하나님께서는 인간의 능력으로 가장(假裝)하고 나타나는 모든 것을 깨뜨리기를 기뻐하신다. 그것들은 사실 인간의 능력이 아니라 인간의 연약함이다. 우리의 지적 능력, 대범함, 갖가지 재능 등 이런 모든 것은 하나님께서 주셨다는 측면에서는 좋은 것이다. 그러나 사실 이런 것들은 능력의 가면 뒤에 숨은 인간의 연약함이다.

하나님께서는 우리를 머리부터 발끝까지 십자가에 못 박기를 원하신다. 즉, 우리의 능력을 어리석고 무익한 것으로 만들기를 원하신다. 왜냐하면 하나님께서는 우리를 무한히 높이시어 우리를 통해 자신의 영광을 드러내고 우리에게 영원한 유익을 주시기 때문이다.

이제 당신은 모든 피조 세계의 주인이신 분이 우리를 그토록 영광스럽고 가치 있는 자리까지 높이기를 원하신다는 것이 얼마나 은혜로운 것인지를 깨달았는가? 당신은 하나님께서 그분의 명령에 따라 움직이는 천사들과 온갖 피조물들에게 우리에 대해 이렇게 말씀하기 원하신다는 것을 생각해보았는가?

"나는 나의 이 자녀를 위해 문을 활짝 열어놓았다. 그가 가질 수 있는 것은 무한하다. 내가 그를 데리고 가지 못할 곳은 한 군데도 없다. 문을 닫지 말라. 나는 그를 무한히 높일 것인데 왜냐하면 내가 그를 가차 없이 십자가에 못 박았기 때문이다."

당신은 부모의 입장에서 자식을 양육한 경험이 있는가? 만일 그렇다면 당신은 사랑하는 자식을 가차 없이 훈계하고 징계하고 벌하는 것이 어떤 것인지를 잘 알 것이다. 당신의 자녀가 인격과 성격과 시민정신이 훌륭한 모범적인 사람으로 성장하기를 원한다면 당신은 어떻게 하겠는가? 당신은 그를 위해 기도할 것이다. 또한 당신은 당신의 피를 빼서 그에게 줄 수도 있을 만큼 그를 사랑할 것이다. 하지만 그러면서도 그에게 훈계와 징계의 막대기를 가차 없이 사용할 것이다. 사실, 당신이 그를 불쌍히 여기지 않고 벌하는 것은 그를 진정으로 불쌍히 여기기 때문이다.

나의 이런 말이 좋은 이야기이면서도 헷갈리는 이야기로 들릴 것이다. 하지만 우리가 하나님의 자녀라면 그분은 내가 말한 식으로 우리를 대하실 것이다. 하나님께서는 우리를 자신이 원하시는 성숙한 신자와 제자로 만들기 위해 우리에게 십자가의 징계를 내리시는데, 이것이 우리를 향한 하나님 아버지의 사랑이요 긍휼이다!

### 순종의 십자가

이 시대에 하나님께서는 모든 편견과 육신적 욕망을 완전히 버리기를 원하는 그리스도인의 무리를 일으키고자 애쓰신다고 나는 확실히 믿는다. 하나님께서는 자신을 완전히 하나님의 처분에 맡길 준비가 되어 있는 사람들을 원하신다. 하나님께서는 쇠나 납이나 지푸라기나 금이나 그 무엇으로 만든 십자가든 간에 어떤 십자가라도 지기를 원하는 사람들을 원하신다. 하나님께서는 자신이 이 땅에서 필요로 하시는 그런 모범적 그리스도인이 될 준비가 되어 있는 사람들을 원하신다.

그렇다면 중요한 질문은 이것이다. 하나님께서 우리를 통해 나타내기를 원하시는 그런 십자가를 지겠다는 열의와 준비가 우리에게 있는가?

종종 어떤 사람들은 "제 눈을 감고 있으니 제 눈앞에 당신의 십자가를 대소서. 그것이 어둠을 뚫고 빛을 발하여 제가 하늘을 바라보게 하소서"라는 노래를 부른다.

  기독교의 일부 교파들이 십자가를 그렇게 오해하고 있다는 사실은 참으로 슬픈 일이다. 속죄(贖罪)와 칭의(稱義)와 깨끗하게 함과 용서에 대한 복음적 진리를 알지 못하고 확신하지도 못하는 불쌍한 사람들을 생각해보라. 죽음이 코앞에 닥쳤을 때 그들이 할 수 있는 최선은, 금속에 색칠을 하거나 나무를 깎아서 만든 십자가를 가슴에 꼭 품고 그 십자가에서 모종(某種)의 능력이 나와 죽음의 강을 무사히 건너도록 도와주기를 바라는 것뿐이다.

  하지만 그런 십자가는 전혀 도움이 되지 않는다. 우리가 원하는 십자가는 하나님의 뜻에 따라 우리에게 찾아오는 십자가이다. 그것은 언덕이나 교회의 첨탑 위에 서 있는 십자가가 아니다. 그것은 목에 걸고 다니는 십자가가 아니다. 그것은 하나님의 뜻에 순종하는 십자가여야 한다. 신자 한 사람 한 사람은 그런 십자가를 혼자 져야 한다.

PART 5

# 철저한 십자가:
## 그것이 예비한 것

사람이 늙어서 영원을 눈앞에 두었는데 은혜로운 미래에 대한 약속이 없다면
얼마나 큰 비극이겠는가! 그러나 추수 때 실하게 익은 옥수수 단처럼
성숙한 믿음을 가진 하나님의 자녀들은 참으로 아름다운 모습이 아닐 수 없다.

CHAPTER 19                    THE RADICAL CROSS

# 그리스도의 심판대 앞에 설 준비를 하라

**집행유예 상태의 인류**

행위와 결과 사이에는 분리할 수 없는 매우 밀접한 관계가 있다. 그것은 씨앗과 수확물 사이의 관계에 비유될 수 있다.

우리는 도덕적 존재이다. 도덕적 존재로 우리는 우리의 모든 행위와 말의 결과에 대해 책임을 져야 한다. 우리는 선악에 대해 생각하지 않고 행동할 수 없다. 선택권을 행사할 때마다 우리는 우리의 본성 때문에 3차원적 도덕적 의무를 인정하지 않을 수 없다. 다시 말해서 하나님에 대한 의무, 자신에 대한 의무, 그리고 다른 사람들에 대한 의무를 인정하지 않을 수 없다.

의식(意識)을 가진 도덕적 존재가 초도덕적(超道德的) 상황에서, 즉 도덕과 관계없는 상황에서 존재하는 것은 불가능하다. 단 한순간도 불가능하다.

타락한 인류의 일원으로 우리는 천국과 지옥의 갈림길에 서 있는데 우리의 복잡한 본성 안에는 선악의 지식, 선을 택할 능력, 그리고 악으로 기울어지는 선천적 성향이 존재한다. 그렇기 때문에 우리는 옳고 그름의 문제, 도덕적 책임의 문제, 공의와 심판의 문제, 그리고 상과 벌의 문제를 날카롭게 의식하지 않을 수 없다.

현재 하나님 앞에서 인류의 상태는 집행유예의 상태이다. 인류는 시험대에 올라 있다. "보라! 내가 너희 앞에 생명의 길과 사망의 길을 두었으니 너는 오늘 선택하라"라는 하나님의 음성이 온 땅에 울려 퍼진다.

대부분의 유대인들과 그리스도인들은 이 집행유예 기간이 개인의 죽음과 더불어 끝나고 그 후에는 심판이 있다는 교리를 믿어왔다. 구약과 신약은 이런 교리를 전적으로 지지한다. 이 교리에서 벗어난 교리는 모두 비성경적 개념을 기독교 안으로 끌어들였기 때문에 생긴 것이다.

그리스도의 십자가는 하나님의 심판 앞에서 어떤 개인들의 지위를 어느 정도 변경시켰다. 그리스도의 죽음과 부활을 중심으로 만들어진 자비의 구제책(救濟策)을 받아들이는 사람들에게는 심판의 한 부분이 더 이상 적용되지 않는다. 그리스도께서는 다음과 같이 말씀하셨다.

"내가 진실로 진실로 너희에게 이르노니 내 말을 듣고 또 나 보내신 이를 믿는 자는 영생을 얻었고 '정죄를 당하지 아니하나니' 사망에서 생명으로 옮겼느니라"(요 5:24, '정죄를 당하지 아니하나니'가 개역개정판 한글성경에서는 '심판에 이르지 아니하나니'로 번역되어 있다 - 역자 주).

그리스도의 이 말씀은 심판의 한 부분이 신자들에게 적용되지 않는다는 진리를 선언한 말씀이다. 이 말씀에서 '정죄를 당하지 아니하나니'라는 표현은 사실상 '심판에 이르지 아니하나니'라는 뜻이다. 그러므로 신자들은 죄악의 행위들에 대한 형벌을 적어도 한 부분에 있어서는 면제받은 것이다.

### 하나님의 은혜와 법

그리스도께서 우리 인간들을 위해 어둠 가운데 돌아가셨기 때문에 하나님께서는 세 가지가 가능해졌다(롬 3:24-26 참조).

첫째, 하나님은 우리의 범법에 대한 형벌을 면제해주실 수 있게 되었다.

둘째, 죄인들이 회개할 때, 하나님은 그들이 전혀 죄를 범하지 않은 것처럼 그들에게 은혜를 베푸실 수 있게 되었다.

셋째, 이런 형벌의 면제와 은혜의 회복이 율법의 엄격함을 누그러뜨리거나 공의의 높은 요구를 희생시키지 않고도 그분께 가능해졌다.

이것은 우리가 이해하기 힘든 깊은 신비이다. 사실 우리는 이해하려고 애쓰는 것보다 이해 없이 믿을 때 하나님께 더 큰 영광을 돌릴 수 있다. 의로운 분이 불의한 자들을 위해 돌아가셨다. 그렇기 때문에 이제 불의한 자들이 의로운 분과 함께 완전한 도덕적 일치 가운데 사는 것이 가능하게 되었다. 하나님께서 우리에게 주신 말로 표현할 수 없는 선물로 인하여 그분께 감사할지어다!

그런데 그렇다고 해서 신자들이 자기의 행위에 대해 하나님께 책임을 지지 않아도 되는가? 그들이 그리스도의 '의(義)'의 옷을 입었다고 해서 자기의 행동에 대해 해명할 필요가 없는가? 결코 그렇지 않다! 만일 우주의 도덕적 통치자께서 그분의 우주의 일부가 행위와 책임의 도덕법에서 벗어나게 하신다면 우주의 질서가 무너질 것이다.

하나님의 가족 안에서 신자들, 즉 속량 받아 의롭게 된 사람들에게는 은혜뿐만 아니라 법도 적용된다. 그런데 그 법은 자비를 모르는 모세의 율법이 아니라 아버지의 마음에서 나오는 인정 많은 법이다. 아버지의 법은 그분의 자녀들이 그리스도의 명령에 따라 살도록 요구하고 기대한다.

당신은 나의 이런 말을 듣고 놀라는가? 놀라도 좋다. 아니, 더 놀라야 한다. 우리 주님의 분명한 말씀에 따르면, 또 그분이 일찍이 일으켜 세우시고 보내신 사도들의 말에 따르면, 장차 우리는 모두 육체로 행한 행위에 대해 그분 앞에서 해명해야 한다. 그분은 우리가 그리스도의 날에 나무나 풀이나 짚의 상(賞)을 받을 수도 있다고 성실히 경고하셨다(롬 14:7-12 ; 고전 3:9-15 참조).

사망과 지옥에 이르는 심판은 그리스도인 뒤에 있지만, 그리스도의 심판대는 그리스도인 앞에 있다. 그리스도의 심판대에서 문제가 되는 것은 모세의 율법이 아니라, 우리가 아버지의 가족의 일원으로서 어떻게 살았느냐 하는 것이다. 성실성, 자기 훈련, 율법의 요구에 일일이 규정되어 있지 않은 관대함, 우리를 비방하는 자들 앞에서 보여준 용기, 겸손, 세상에서 벗어남, 십자가를 지는 것, 단순한 율법주의자나 거듭나지 못한 사람의 머리에는 떠오르지 않을 무수한 작은 사랑의 행위들, 이런 것들이 어떠했는지를 보기 위해 그리스도께서 우리의 기록을 검토하실 것이다.

고린도교회에서 있었던 육신적 오용(誤用)에 대해 언급하면서 사도 바울은 "우리가 우리를 살폈으면 판단을 받지 아니하려니와"(고전 11:31)라고 말했다. 이 말에서 우리는 적어도 "그리스도의 심판대 앞에 서야 한다는 것을 아는 사람은 정직하게 자신을 살펴서 그것에 대비해야 한다"라는 교훈을 얻을 수 있다.

따라서 우리는 많이 기도하며 깊이 생각해야 한다. 우리 앞에는 성경이 있고 우리 안에는 성령이 계신다. 이 땅에 살면서 우리는 그리스도의 심판대에 대비할 수 있다. 그런데 무엇 때문에 그렇게 하지 못하고 있는가?

CHAPTER

# 하나님의 사람은
# 하나님의 집에 거한다

**그리스도와 함께 죽은 우리**

성경에 의하면, 모든 그리스도인은 자기를 그리스도 안에서 죽은 자로 간주할 수 있다. 로마서 5장부터 8장까지를 깊이 연구해보라. 그러면 다음과 같은 성경의 교리를 발견하게 될 것이다.

"그리스도께서 인간이 되셨을 때 그분은 우리가 신성(神性)에 참여하는 것을 가능하게 하셨다(우리가 신성에 참여한다는 것은 우리가 신이 된다는 뜻이 아니라 신성과 연합하게 된다는 뜻이다)."

하나님께서는 그리스도의 죽음을 나의 죽음으로 간주하시고, 그리스도의 희생을 나의 희생으로 간주하신다.

성경 말씀을 읽어보자.

"그리스도의 사랑이 우리를 강권하시는도다 우리가 생각하건대 한 사람이 모든 사람을 대신하여 죽었은즉 모든 사람이 죽은 것이라 그가 모든 사람을 대신하여 죽으심은 살아 있는 자들로 하여금 다시는 그들 자신을 위하여 살지 않고"(고후 5:14,15).

이제 죄를 지을 권리가 그 누구에게도 없다. 그리스도의 피의 음성이 이제 우리의 마음을 움직인다. 그것은 인간의 마음에서 울려 퍼지는 가장 감동적인 소리 중 하나이다.

그리스도의 교회가 어디에 있든지, 교회의 찬송이 어디에서 울려 퍼지든지, 교회 성도들의 기도 소리가 어디에서 들리든지 간에 우리는 예수님의 피의 음성이 "그리스도의 피 안에서 세상의 죄가 사라졌다"(요일 2:2 참조)라고 감동적으로 주장하고 증언하는 것을 듣게 된다.

오, 사람들이 이것을 믿으면 얼마나 좋을까! 모든 죄가 이제는 도덕적 불일치라는 것을 우리가 언제 깨닫고 고백하게 될까? 신자로서 우리는 우리 주 예수 그리스도와 함께 죽은 것으로 간주된다. 우리가 신생(新生)을 통해 그리스도와 연합되었을 때, 우리는 그분의 죽음과 연합되었다. 우리가 그분의 부활과 연합되었을 때, 우리는 죄가 이제는 그리스도인의 삶에서 도덕적 불일치라는 것을 분명히 깨달았어야 했다.

### 죄를 거부하는 그리스도인

죄인은 그가 저 세상 안에 있기 때문에 죄를 짓는다. 죄를 범했지만 그는 아직 죽지 않았다. 그는 죽을 때를 기다리고 있는데 언젠가 죽을 것이고, 그 후에는 두 번째 죽음을 당할 것이다. 그러나 그리스도인은 그리스도와 함께 죽고 그리스도 안에서 죽고 그분을 따라 죽는다. 그렇기 때문에 그가 결국 그의 몸을 내려놓을 때, 그는 죽음을 보지 않을 것이다. 이것이 성경의 교훈이다.

죽음의 때가 오면 하나님께서 모든 그리스도인의 눈을 가리실 것이기 때문에 그들은 죽음을 보지 않을 것이다. 그들은 숨을 멈추고 땅에 묻히지만 죽음을 보지 않는다. 그들은 그리스도께서 죽으셨을 때 그분 안에서 이미 죽었고, 그분이 다시 사셨을 때 그분과 함께 다시 살았기 때문이다. 그렇기 때문에 죄는 그리스도인의 삶과 행동에서 도덕적 불일치이다. 이것은 기독교를 양복의 접은 옷깃에 부착된 단추나 꽃 정도로 여기는 사람들, 즉 외형적 기독교만을 아는 사람들이 절대 모르는 교리요 신학이다.

예수 그리스도의 복음이 나를 온전히 구원했기 때문에 그분은 내게 전적(全的) 헌신을 요구하신다. 그분은 내가 전적으로 헌신하는 제자가 되기를 원하신다. 우리는 예수 그리스도와 연합되었기 때문에 그분처럼 되지 않을 수 없다. 우리는 그분이 행하시는 것을 행하며, 그분이 인도하시는 곳으로 따라간다. 이것이 진짜 기독교이다!

이제 죄는 거룩한 피를 침해하는 무도한 행위이다. 죄를 짓는 것은 이제 하나님의 아들을 다시 십자가에 못 박는 것이다. 죄를 짓는 것은 이제 속죄의 피를 얕잡아보는 것이다. 이제 그리스도인이 죄를 범하는 것은 희생된 거룩한 삶을 모욕하는 것이다. 나는 그리스도인이 죄를 짓기 원한다고 믿지 않는다.

하나님을 거스르는 모든 죄는 결국 용서를 받거나 아니면 보복을 당하게 된다(우리는 이 둘 중에서 선택할 수 있다). 하나님을 거스르는, 우리 자신을 거스르는, 인류를 거스르는, 그리고 인간의 생명을 거스르는 모든 죄는 결국 용서를 받거나 보복을 당하게 될 것이다. 세상에는 두 가지 음성이 있는데 하나는 복수를 요구하는 목소리요, 다른 하나는 자비를 구하는 목소리이다.

사람이 늙어서 영원을 눈앞에 두었는데 은혜로운 미래에 대한 약속이 없다면 얼마나 큰 비극이겠는가! 그러나 추수 때 실하게 익은 옥수수 단처럼 성숙한 믿음을 가진 하나님의 자녀들은 참으로 아름다운 모습이 아닐 수 없다. 그들은 아버지 집의

문이 활짝 열려 있고, 하나님께서 자신의 자녀들을 한 명 한 명 받아들일 준비를 하고 계신다는 것을 잘 안다.

### 그리스도의 보혈

몇 년 전 태국에서 온 한 형제의 간증을 들었다. 그는 선교사들이 그리스도의 복음의 아름다운 열매를 맺는 것이 자신의 삶과 미래에 어떤 의미를 주는지에 대해 간증했다. 그는 한 초기 선교사의 경건한 삶에 대해 언급한 후 이렇게 말했다.

"그 분이 지금은 아버지의 집에 계십니다."

또한 그는 한 여자 선교사가 보여준 그리스도의 사랑에 대해 말한 후 이렇게 말했다.

"그녀가 지금은 아버지의 집에 계십니다."

그가 언급한 사람들은 불과 한 세대 전에는 우상과 귀신을 섬기던 이교도였다. 그랬던 사람들이 변화되어 겸손한 그리스도인으로 살다가 세상을 떠나 아버지의 집으로 간 것이다. 그런 이야기를 할 때 그는 아버지의 집이 마치 몇 걸음 걸으면 도달할 수 있는 길 건너의 집처럼 이야기했다. 그것은 하나님의 은혜와 자비로 인해 가능한 이야기가 아니겠는가!

그렇다! 그런 것이 내가 믿는 복음이요 내가 믿는 기독교이다. 예수님께서 우리를 위해 죽으셨고 그분의 보혈이 아벨의 피보다 더 나은 것을 말하기 때문에(히 12:24 참조) 하나님께서 우리에게 진노하지 않으시고 오히려 우리를 하나님의 자녀로 삼아주셨다. 이것을 아는 것이 얼마나 큰 기쁨인가! 하나님의 자비가 공의의 음성보다 더 크게 말한다는 것을 아는 것이 얼마나 큰 복인가! 세상을 떠날 시간이 다가왔을 때 주님의 사람들이 조용히 누워 "아버지, 제가 이제 아버지의 집으로 갑니다"라고 말씀드릴 수 있는 것이 얼마나 큰 소망인가!

오, 우리는 어린양의 보혈을 더욱 귀하게 여겨야 한다! 그 보혈로 인하여 구원을 얻었기 때문이다. 그 보혈 때문에 속죄가 이루어졌기 때문이다. 나는 옛날 사람들이 야영 집회 때 즐겨 부르던 노래들 중 몇 곡을 사람들에게 권하기를 좋아한다. 분명한 신학과 명백한 메시지를 담은 그 노래들 중 하나를 들어보자.

십자가, 십자가, 피로 물든 십자가
거룩한 그 십자가를 제가 봅니다.
그 십자가는 저를 위해 흘려진 보혈을 생각나게 합니다.

수천, 수만의 샘들이
하나님의 보좌에서 솟아오르지만

예수님의 보혈만큼 저에게 큰 복을 주는 샘은 없습니다.

제가 속박에 매여 있을 때
그 무한히 귀한 피가 저를 위한 속전(贖錢)이 되었습니다.
예수님이 제 모든 죄를 짊어지셨고
저를 그분의 보혈로 구원하셨습니다.

믿음으로 인해 그 보혈이
마치 홍수처럼 저의 죄를 휩쓸어 갔습니다.
이제 죄의 얼룩은 한 점도 남아 있지 않습니다.
모든 영광을 주님의 보혈에 돌립니다!

이 놀라운 보혈을 묵상하는 것이
제가 하나님 앞에서 할 수 있는 가장 아름다운 일입니다.
보혈의 놀라운 이야기가 울려 퍼질 때
온 하늘은 어린양의 정결케 하는 피로 인해 기뻐할 것입니다.

예수 그리스도의 보혈은 하나님의 마음을 움직이는 탄원을 계속해서 올린다. 하지만 그렇다고 해서 우리의 대제사장이신 예수님이 성부 하나님 우편에서 그분께 계속 말씀드리는 것은 아닐 것이다. 확신하건대, 십자가의 못 자국이 있는 그분의 두 손이 우리를 위한 그분의 중보기도가 될 것이다. 하나님의 자녀들이 언약을 어길 때 하나님께서는 십자가의 상처를 지니신 아들의 음성을 듣고 우리를 용서하신다. 그렇다고 해서 우리가 우리 마음대로 살아도 되겠는가? 결코 그럴 수 없다! 하늘이 두 쪽 나도 그럴 수 없다!

그리스도인들은 세상에서 가장 깨끗하고 순수하고 의롭고 거룩한 사람이 되어야 한다. 예수 그리스도의 보혈이 마치 홍수처럼 우리의 죄를 휩쓸어가고 죄의 얼룩을 한 점도 남기지 않아 우리가 모든 영광을 주님의 보혈에 돌릴 수 있기 때문이다.

PART 6

# 철저한 십자가:
# 그것의 역설

우리가 죽지 않으려고 한다면 우리는 죽을 수밖에 없다. 그 죽음은 과거 성도들이 그토록 소중히 여겼던 저 영원한 보물들 중 많은 것을 잃어버리는 것을 의미한다. 우리의 육신을 십자가에 못 박지 않으면 순수한 마음, 그리스도를 닮은 인격, 영적 통찰력, 그리고 영적 열매를 잃어버리게 된다.

# 살려고 하면
# 죽어야 한다

**내가 죽고 주님이 사신다면**

"제가 죽게 하소서. 그래야 제가 살 수 있습니다. 오직 제가 당신의 얼굴을 보게 하소서."

이것은 어거스틴의 기도이다. 또한 그는 하나님께 다음과 같이 간절히 부르짖었다.

"당신의 얼굴을 내게서 숨기지 마소서. 제가 당신을 의지하여 쉼을 얻게 하소서. 제 마음에 들어오시어 제 마음을 사로잡으소서. 그리하시면 제가 저의 죄악을 잊지 않을 것이며, 제 유일한 선(善)이신 당신을 붙들 것이나이다."

하나님을 향해 굶주린 마음을 갖고 있는 신자라면 죽고자 하는 어거스틴의 이 갈망을 쉽게 이해할 것이다. 다시 말해, 하나님의 사랑의 얼굴을 가리어 보이지 않게 하는 우리의 흉한 자아(自我)를 제거하고자 하는 그의 이 갈망을 쉽게 이해할 것이다. 죽지 않기 위해서 죽는 것! 이것은 모순이 아니다. 왜냐하면 우리 앞에는 두 가지 죽음이 놓여 있기 때문이다. 하나는 우리가 추구해야 할 죽음이고, 다른 하나는 어떤 대가를 지불하더라도 반드시 피해야 할 죽음이다.

어거스틴이 볼 때, 마음으로 하나님을 보는 것이 생명 자체였다. 그것에 미치지 못하는 것은 그에게 있어서 죽음이었다. 그에게는 자아의 본성의 그늘에 가려 하나님의 임재를 보지 못하고 사는 것이 용납될 수 없었다. 하나님의 얼굴을 가리는 것은 그 무엇이든지 제거되어야 한다고 그는 생각했다. 심지어 그의 자애(自愛), 그의 가장 소중한 자아, 그리고 그가 가장 귀하게 여기는 것들까지도 제거되어야 한다고 생각했다. 그렇기 때문에 그는 "제가 죽게 하소서"라고 기도했던 것이다.

하나님께서는 이 위대한 성도의 대담한 기도를 들으셨고, (예상했던 대로) 그분답게 넘치는 은혜로 응답하셨다. 그리하여 그는 죽었다. 하지만 그의 죽음은 사도 바울이 "내가 그리스도와 함께 십자가에 못 박혔나니 그런즉 이제는 내가 사는 것이 아니요 오직 내 안에 그리스도께서 사시는 것이라"(갈 2:20)라는 말로써 증언했던 그런 죽음이었다.

어거스틴의 삶과 사역은 계속되었고 그의 흔적은 도처에 남아 있다. 그의 책들에, 교회 안에, 역사 속에 남아 있다. 참으로 놀라운 일이다! 하지만 이상하게도 어거스틴이라는 개인은 잘 보이지 않고 오히려 그의 흔적을 통해 그리스도의 빛이 치유의 광선을 발한다.

### 죽지 않으려고 할 때 죽는다

과거 하나님의 얼굴을 가리는 자아를 제거하려면 사회에서 멀리 떠나야 한다고 믿었던 사람들이 있었다. 그들은 모든 자연스런 인간관계를 끊고 사막이나 산이나 은둔처로 들어가서 육신을 억제하기 위해 금식하고 고행하고 분투했다. 하지만 그들의 동기가 좋은 것이라 할지라도 그들의 방법은 절대 권할 만한 것이 아니다. 육신은 너무나 질기고 강하기 때문에 몸을 학대하거나 집착을 억제하는 방법으로는 죽지 않는다. 오직 십자가만이 육신을 죽일 수 있다.

모든 그리스도인의 마음속에는 십자가와 보좌가 있다. 그가 자신을 십자가에 못 박기 전까지는 그가 보좌 위에 앉아 있다. 십자가를 거부한다면 그가 계속 보좌 위에 있게 된다. 이것이 오늘날 복음을 믿는 신자들의 신앙적 침체와 세속성의 원인이라고 나는 생각한다.

우리는 구원받기를 원하지만, 십자가를 지거나 자신을 보좌에서 끌어내리거나 죽는 것은 원하지 않는다. 우리는 그리스도께서 혼자 모든 죽음을 감당하셔야 한다고 고집을 부린다. 우리는 로마 황제의 면류관처럼 번쩍거리는 면류관을 쓰고 '인간의 영혼'이라는 작은 왕국에서 계속 왕 노릇한다. 하지만 그렇게 하는 것은 우리를 어둠과 연약함과 영적 무익함의 늪에 빠뜨릴 뿐이다.

우리가 죽지 않으려고 한다면 우리는 죽을 수밖에 없다. 그 죽음은 과거 성도들이 그토록 소중히 여겼던 저 영원한 보물들 중 많은 것을 잃어버리는 것을 의미한다. 우리의 육신을 십자가에 못 박지 않으면 순수한 마음, 그리스도를 닮은 인격, 영적 통찰력, 그리고 영적 열매를 잃어버리게 된다. 무엇보다도, 이 땅의 빛이었고 장차 천국의 온전한 영광이 될 하나님의 얼굴을 보지 못하게 된다.

CHAPTER

# 그리스도인은
# 양면적인 존재이다

**모순처럼 보이는 십자가 진리**

오늘날 대부분의 기독교 지도자들은 기독교 신앙을 과학, 철학 및 그 밖의 자연적이고 합리적인 것들과 조화시키려고 노력한다. 그러나 그들의 시도는 기독교를 제대로 이해하지 못한 데서 비롯된 현상이라고 나는 믿는다. 또한 내가 읽고 들은 바에 따라 판단하건대, 이런 시도는 과학과 철학을 이해하지 못한 결과이기도 하다.

기독교 신앙 체계의 뿌리에 놓여 있는 것은 '하나님의 역설(逆說)'인 그리스도의 십자가이다. 타락한 인간의 방법을 따르지 않고 오히려 그것을 거부할 때 기독교의 능력이 나타나는 법이다. 십자가의 진리는 모순처럼 보이는 것들에서 드러난다. 교회의 증거가 가장 효과적으로 이루어지는 것은 교회가 '설명할 때'가 아니라, '선포할 때'이다. 복음은 이성(理性)이 아닌 신앙에 호소하기 때문이다. 증명될 수 있는 것을 받아들이는 데는 신앙이 필요 없다. 신앙은 실험이나 논리적 증명에 근거하지 않고 하나님의 성품에 근거한다.

십자가는 '자연인'(自然人), 즉 '거듭나지 못한 사람'과 완전히 대립된다. 다시 말해서, 십자가의 철학은 자연인의 사고(思考)와 정면충돌한다. 그렇기 때문에 사도 바울은 "십자가의 도(道)가 멸망하는 자들에게는 어리석은 것"이라고 단언했다(고전 1:18 참조). 십자가의 메시지와 인간의 타락한 이성이 함께 발을 디디고 설 수 있는 공통의 지반(地盤)을 찾으려는 것은 불가능을 이루겠다는 시도이다. 이것을 계속 고집스럽게 시도한다면 이성의 손상, 의미 없는 십자가 그리고 무력한 기독교를 초래할 뿐이다.

이제 이론적이고 딱딱한 이야기는 그만하고 실제적인 것으로 눈을 돌려보자. 그리스도와 사도들의 교훈을 실천하는 참그리스도인을 관찰하면서, 그에게서 나타나는 이성적(理性的)으로 설명되지 않는 것들을 살펴보자.

그리스도인은 자신이 그리스도 안에서 죽었다고 믿지만 전보다 더 충만한 삶을 누리며, 또한 영원히 살 것이라고 믿는다. 그는 이 땅에서 활동하지만 동시에 하늘에 앉아 있다. 비록 이 땅에서 태어났지만 중생(重生) 후에는 더 이상 이 땅이 고향이 아님을 믿는다. 공중에서는 아름답고 우아하지만 땅에 내려오면 서툴고 보기 흉한 쏙독새처럼 그리스도인은 천상(天上)의 자리에서는 가장 아름다운 모습이지만, 그가 몸담고 있는 사회의 살아가는 방법들과는 잘 조화되지 않는다.

그리스도인은 하늘의 아들로서 이 땅의 사람들 중에서 승리를 거두려면 세상의 방법을 따르지 말고 오히려 그와 반대로 살아야 한다는 것을 배우게 된다. 그는 안전하기 위해서 오히려 자신을 위험에 빠뜨리며, 자신의 목숨을 구하기 위해서 목숨을 잃어버린다. 만일 자신의 생명을 보존하려고 시도한다면 오히려 생명을 잃을 위험에 처한다. 높아지려면 낮아져야 한다. 낮아지기를 거부한다면 이미 낮아진 것이다. 그러나 스스로 낮아진다면 이미 높아지고 있는 것이다.

가장 약할 때 가장 강하고, 가장 강할 때 가장 약하다. 가난하지만 다른 사람들을 부유하게 만들 수 있는 능력이 있으며, 부유해지면 그 능력이 사라진다. 남에게 가장 많이 주면 자신이 가장 많이 소유하게 되고, 가장 많이 소유하려고 하면 가장 적은 것이 남는다.

가장 낮아졌다고 느낄 때 가장 높이 있으며, 자신의 죄를 가장 많이 깨달을 때 가장 죄가 적다. 자신의 무지(無知)를 깨달을 때 가장 지혜로우며, 자신이 가장 많은 지식을 쌓았다고 믿을 때 실상 가장 무지하다. 때로는 아무것도 하지 않는 것이 가장 많은 일을 하는 것이고, 가만히 서 있는 것이 가장 멀리 가는 것이다. 고난 중에 기뻐할 수 있으며, 슬픔 중에도 행복할 수 있다.

### 그리스도인은 놀라운 존재이다!

그리스도인의 역설은 여러 가지 면에서 나타난다. 그는 자신이 구원을 얻었다고 믿지만, 동시에 장차 구원 얻을 것을 기대하면서 소망 중에 기뻐한다. 하나님을 두려워하지만, 하나님에 대해 공포심을 갖지는 않는다. 하나님의 임재에 완전히 압도되어 자신이 망했다고 느끼지만, 그 어떤 것보다도 하나님의 임재를 갈망한다. 그는 자신의 죄에서 깨끗케 되었음을 알지만, 자신의 육신 안에 선한 것이 거하지 않음을 알고는 괴로워한다.

그는 한 번도 본 적이 없는 분을 가장 사랑한다. 자신이 비록 보잘것없고 초라한 존재이지만 만왕(萬王)의 왕이요, 만주(萬主)의 주이신 분과 친구처럼 대화한다. 그리고 그렇게 하는 것이 전혀 모순이라고 느끼지 않는다. 그는 자신이 본래 아무것도 아닌 존재라고 느낀다. 그러면서도 그는 자신을 위해 하나님의 아들이 치욕의 십자가에서 돌아가셨음을 확신하며, 자신이 하나님에게는 가장 보배로운 존재인 것을 감사한다.

그리스도인은 천국의 시민이기 때문에 그의 거룩한 시민권에 부끄럽지 않은 충성심을 가지고 산다. 그렇지만 동시에 이 땅의 자신의 조국을 깊이 사랑한다. 그렇기 때문에 존 낙스(John Knox, 1514~1572. 스코틀랜드 종교개혁의 아버지 - 역자 주) 같은 신앙인은 "오, 하나님! 저에게 스코틀랜드를 주시든지 아니면 죽음을 주십시오"라고 기도할 정도였다.

그리스도인은 머지않아 저 밝은 영원한 나라에 들어갈 것을 기쁨으로 기다리지만, 이 세상을 급히 떠나려고 하지 않고 다만 하늘 아버지의 부르심을 조용히 기다린다. 그는 그의 이런 태도를 불신자가 왜 비난하는지를 완전히 이해할 수는 없지만, 여러 가지를 고려할 때 자신의 태도에 전혀 잘못이 없다고 느낀다.

십자가를 지는 그리스도인은 세상 어디에서도 유례(類例)를 찾을 수 없는, 철저한 비관주의자이며 동시에 낙관주의자이다.

십자가를 바라볼 때 그는 비관주의자가 된다. 왜냐하면 그는 십자가에서 영광의 주님에게 쏟아진 심판이 모든 사람들에게 유죄판결을 내리는 심판이라는 것을 알기 때문이다. 그는 그리스도 밖에서 인간적인 소망을 찾으려는 시도를 거부하는데, 그 이유는 하나님 앞에서 의롭게 되려는 인간의 노력은 아무리 고결한 것이라 할지라도 결국 사상누각(砂上樓閣)에 불과하기 때문이다.

그리스도인은 비관주의자이면서 동시에 평온한 낙관주의자이다. 십자가가 온 세상에 유죄 선고를 내린다면, 그리스도의 부활은 온 우주에서의 선(善)의 궁극적 승리를 보장한다. 그리스도를 통하여 결국 모든 사람의 문제들이 전부 해결될 것이며, 그리스도인은 이 궁극적 승리를 기다린다. 그렇다! 이토록 그리스도인은 '믿기 힘들 정도로' 참으로 놀라운 존재이다!

# 세상과 타협할 것인가, 세상을 거부할 것인가?

**잘못된 세상에 휩쓸리지 말라**

내가 볼 때, 세상은 잘못된 방향으로 나아가는 데 천부적 소질을 갖고 있는 것 같다. 심지어 교육 수준이 높은 지역이나 국가도 그런 것 같다. 물론 세상이 어떻든 간에 신경 쓰지 않고 나 좋을 대로 살아갈 수도 있겠지만, 그리스도인인 우리는 그럴 수 없다. 왜냐하면 이 세상에 태어나 그리스도인으로서 살아가는 우리에게는 언제 어디서나 올바르게 살아야 한다는 의무가 있기 때문이다. 잘못된 삶을 사는 것이 우리에게는 허락되지 않는다.

만일 잘못된 세상이 올바른 사람을 그냥 내버려둔다면 그 올바른 사람은 잘못된 세상 안에 살면서도 세상의 영향을 별로 받지 않을 것이다. 하지만 세상은 그를 자기 뜻대로 길들이려고 한다. 세상은 끊임없이 새로운 사상을 들고 나온다. 말이 새로운 사상이지 대개 그것은 옛날의 사상에서 먼지를 털어내고 현재의 경우에 맞게 광을 낸 것에 불과하다. 아무튼 세상은 자기의 사상을 들고 나와서 모든 사람에게(여기에는 올바른 사람도 포함된다) 자기의 사상에 순응하라고 요구한다. 물론, 사람들이 그것에 순응하는 과정에서 깊은 좌절감이나 모종의 공포를 느낄 가능성이 매우 높다.

사회는 유동체와 같기 때문에 대개 바람처럼 움직이면서 한쪽 방향으로 몰려간다. 그러다가 새로운 경향의 신기함이 사라지거나 전쟁이 일어나거나 불경기가 찾아오면 더 이상 그 쪽 방향으로 나아가지 않는다. 그때 다른 경향이 일어나 사회를 다른 방향으로 몰고 가면 사회의 많은 사람은 다시 그쪽으로 몰려가기 시작한다. 그들은 그것에 대해 크게 이의를 제기하지 않는다. 하지만 생각이 깊은 사람은 그렇게 끊임없이 경향이 바뀌는 것을 보고 '저렇게 난리들을 치는데 도대체 무엇 때문에 그런 것인지 그 이유를 아는 사람들이 있을까?'라는 의문을 품지 않을 수 없다.

현재 우리 사회에는 '사회 통합'이라는 바람이 불고 있다. 그것은 '사회 적응'이라고 불리기도 한다. 사람들이 다양한 심신(心身)의 질병과 정서적 당혹감을 피하려면 반드시 따라야 하는 일종의 표준이 사회 안에 존재한다고 보는 개념이 '사회 통합'이다(물론 그 표준은 모든 가능한 모델들 중에서 가장 좋은 것이라고 간주된다). 이 개념에 따르면, 우리가 안전할 수 있는 유일한 길은 사회의 다른 구성원들에게 잘 적응해 신경적 및 정신적 마찰을 최대한 줄이는 것이다.

따라서 교육은 무엇보다도 사회에의 적응을 가르치게 된다. 현재 사람들이 관심을 갖고 추구하는 것이 정상적인 것으로 받아들여져야 하며, 어떤 개인이 그것에 순응하지 않으면 그것은 그 개인에게 나쁘고 또 모든 사람에게 해롭다. 우리가 가장 지향해야 할 것은 우리의 도덕적 개체성을 완전히 포기하고 대중에게 통합되는 것이다.

### 십자가의 지혜를 가지라

당신은 이렇게 노골적인 표현으로 설명된 현재의 사회적 경향이 불합리하다고 느끼는가? 아무리 그렇게 느낀다 할지라도 이 설명은 지금 사회의 관심을 끌고 있는 가장 대중적인 철학을 아주 정확히 묘사한 것이다. 현재 대중매체가 아주 많고 그 영향력이 매우 강력하기 때문에 교육계의 브라만(Brahmans, 본래 인도 카스트제도에서 가장 높은 신분의 소유자를 가리키는 말로, 여기서는 사회적 지위와 지적 수준이 높은 사람을 가리키기 위해 사용한 말이다)들이 "이제는 새로운 경향이 시작되었습니다"라고 말하면 대중은 그 말에 영향을 받아 고분고분한 태도를 취하며 재빨리 그쪽 방향으로 몰려가기 시작한다. 그쪽 방향으로 나아가기를 거부하는 사람은 흥을 깨는 불쾌한 사람으로 간주된다. 물론, 그런 사람은 구식이며 독단적인 사람이라고 비난을 받는다.

독단적이라는 비난을 받지 않기 위해 '대중의 변화하는 독단'을 받아들여야 한다면 나는 기꺼이 독단적인 사람이라는 비난을 감수하겠다. 그런 비난은 얼마든지 들어도 좋다. 스스로를 가리켜 그리스도인이라고 부르는 우리는 어차피 '따로 노는 사람들'이다. 우리는 세상의 지혜를 거부하고 십자가의 지혜에 의지하여 인생을 살아가겠다고 공언한 사람들이다. 우리는 이 땅에 계실 때 세상에 가장 적응하지 않으셨던 분과 운명을 함께하기로 작정한 사람들이다. 그분은 사회에 통합되기를 거부하셨다. 오히려 사회에서 빠져나오심으로써 사회를 초월하고 사회를 비판하셨다. 하지만 그러면서도 그분은 사회를 위해 돌아가셨다. 사회를 위해 죽음도 받아들이셨지만 사회에 무릎 꿇지는 않으셨다.

십자가의 지혜는 세상의 규범을 거부한다. 사회가 아니라 그리스도께서 그리스도인의 삶의 모범이 되셔야 한다. 신자가 적응해야 할 곳은 세상이 아니라 하나님의 뜻이다. 그리스도의 마음과 합쳐질수록 인간사회, 즉 타락한 인간사회와는 마찰이 생기게 된다. 그리스도인이 볼 때, 세상은 가라앉는 배이다. 거기서 빠져나오려면 그것과 하나가 되어서는 안 되고 그것을 버려야 한다.

우리가 "사회에 적응하라"를 그만 외치고 "사회를 거부하고 십자가를 져라"라고 외칠 때 교회는 새로운 도덕적 능력을 얻게 될 것이다. 현대 그리스도인들은 세상과 비슷해짐으로써 세상을 구원하려고 하지만, 그런 방법은 효과가 없다. 세상을 이길 수 있는 교회의 능력은 세상과 달라짐으로써 가능하다. 세상에 통합되어서는 그런 능력이 생길 수 없다.

# 십자가의 보혈이
# 우리를 보호한다

### 어린양의 희생

죽음의 천사가 원자폭탄이나 수소폭탄과 같은 어떤 무기의 형태로 자신의 날개를 펼지 아닐지 나는 잘 모르겠다. 하지만 우리의 죄 때문에 하나님께서 우리에게 진노하셨다는 것을 나는 안다. 또한 다가오는 죽음의 천사의 그림자가 모든 문명 세계 위로 드리워지고 있다는 것을 안다.

죽음의 천사를 피할 다른 방법은 없다. 오직 하나님을 믿고 그 피를 문설주와 인방에 바르고 거기에 거하는 것만이 살길이다. 물론 그럴 때 우리는 하나님께서 그분의 약속을 어길 수 없는 분이시며, 약속에 대해 말씀하신 그분이 또한 이루실 것이라고 믿어야 한다.

내가 언급한 그 피는 과거에 십자가에서 흘려진 그리스도의 피이다. 십자가에서 하나님의 어린양이 죽임을 당하셨다. 물론 아브라함의 어린 양도 있었고, 아벨의 어린 양도 있었고, 이사야의 어린 양도 있었고, 레위와 모세의 어린 양도 있었다. 하지만 그들의 어린 양은 임시적 방편에 불과했다. 하나님의 어린양이 죽임을 당하신 후, 감히 죽임을 당하겠다고 나서는 어린 양은 없었다.

하나님의 어린양이 세상 사람들 앞에 나타나서 죽임을 당하시기 전에는 다른 어린 양들이 희생제물로 드려졌다. 그것들은 이스라엘 사람들의 어린 양이었다. 그것들은 그들의 이 집 저 집에 속한 어린 양이었다. 이스라엘의 긴 역사 속에서 무수한 어린 양들이 죽임을 당했다. 그러나 하나님께서 그분의 어린양을 세상 사람들 앞에 세우시고 세상이 33년 동안 그분을 비판적으로 살펴보며 하나님께서 십자가를 통해 그분을 희생제물로 삼으셨을 때, 다른 어린 양은 감히 드려질 수 없었다.

### 우리의 유일한 안전장치는 그리스도의 보혈

이제 나는 당신에게 그리스도의 피를 믿으라고 권하는 바이다. 과거 이스라엘 사람들은 문설주에 피를 뿌렸다. 우슬초라고 불리는 스펀지처럼 생긴 식물을 피에 담갔다가 꺼내어 피를 문설주에 뿌렸던 것이다.

우슬초는 어디에서나 자라는 흔한 풀이었다. 당신과 나는 믿음이 있다. 믿음으로써 우리는 우리 자신을 보호한다. 하늘이 잔뜩 찌푸린 날에 나는 밖으로 나가지 않을 것이다. 예수 그리스도의 피가 내 마음의 문설주와 인방에 뿌려졌다는 것을 알 때 비로소 나갈 것이다. 그러기 전에 나가는 무모한 짓을 하지 않을 것이다.

성경은 "너희는 그것을 이렇게 먹을지니 허리에 띠를 띠고 발에 신을 신고 손에 지팡이를 잡고 급히 먹으라 이것이 여호와의 유월절이니라"(출 12:11)라고 말한다.

그리스도인들은 아무 생각 없이 있다가 위기에 빠져서는 안 된다. 밤이 깊고 나팔 소리가 울릴 것 같은 상황에서 그리스도인들은 절대 안일한 상태로 있어서는 안 된다. 누구든 간에 안전장치는 오직 그리스도의 보혈뿐이다. 세상이라고 불리는 이 애굽에서 우리를 빼내가려는 하나님의 부르심이 언제라도 임할 수 있기 때문에 당신과 나는 긴장하고 있어야 한다.

그런데 십자가를 바라보며 언제나 경계하고 떠날 준비를 하고 있어야 할 우리가 그렇게 하지는 않고 오히려 십자가에 페인트칠을 하고 십자가의 모양을 바꾸고 이 세상의 개선을 위해 십자가를 이용하는 짓을 일삼았다. 마땅히 하나님의 사람들은 그들을 저 세상으로 데리고 갈 나팔 소리를 기다리며 깨어 있어야 함에도 불구하고 그들의 하찮은 일들에 매달리며 영적 잠에 빠져버렸다. 오, 우리가 초대교회 신자들처럼 절박한 마음으로 주님을 기다리며 깨어 있다면 얼마나 좋을까!

# 그리스도는
# 주님이자 심판자이시다

### 누구나 주님께 갈 수 있다

예수님은 "'만일' 누구든지 나를 따라오려거든 자기를 부인하고 자기 십자가를 지고 나를 따를 것이니라"(마 16:24, 개역개정판 한글성경에는 '만일'이라는 단어가 나오지 않는다 - 역자 주)라고 말씀하셨다.

이 말씀을 읽을 때, 나는 주님께서 온 세상을 마치 허공에 달아매어 움직이지 않게 하신 것 같다고 느끼게 된다. 이 말씀을 통해 그분은 '인간의 영혼'이라고 불리는 놀랍고 신비한 소우주(小宇宙)의 미래의 행복이나 불행이 '만일'이라는 단 한 단어에 의해 좌우되도록 만드셨다. "만일 … 하려거든"이라는 주님의 말씀은 그분의 초대의 보편성과 인간 의지의 자유를 우리 모두에게 가르쳐준다. 누구나 주님께 갈 수 있다. 아무도 그것을 강요받지 않는다. 주님께 가는 사람은 누구나 그 자신의 선택에 의해 가는 것이다.

모든 사람은 자기의 미래를 손에 쥐고 있다. 뛰어난 세계적 지도자뿐만 아니라 무명의 평범한 사람도 자기의 운명을 결정하게 된다. 그는 자기의 영혼이 어디로 갈지 결정할 수 있다. 그는 선택한다. 운명은 그가 고개를 끄덕일 때 비로소 활동하기 시작한다. 그는 결정하는데, 그 결정에 따라 지옥이 자기의 영토를 넓힐 수도 있고 아니면 천국이 그의 집을 예비할 수도 있다. 이처럼 하나님께서는 그분과 닮은 속성, 즉 자유의지를 인간에게 허락하셨다.

하나님께서 인간을 다루시는 방법들은 신기하고 놀랍다. 그분은 '한 사람'을 통해 세상에 구원을 보내셨는데, 그 한 사람은 변화한 길을 다니시며 "만일 누구든지 나를 따라오려거든"이라고 말씀하셨다. 그때에 극적 사건, 대규모 행진, 팡파르 또는 소란스런 외침 같은 것들이 없었다. 온유한 '낯선 이'는 이 세상을 다니며 말씀하셨지만, 아주 조용히 말씀하셨기 때문에 그분의 음성은 때때로 사람들의 소란에 묻혀버리곤 했다. 그러나 그것은 하나님의 마지막 음성이다. 그 음성에 귀를 기울이기 위해 조용히 할 때, 우리는 비로소 하나님의 진짜 메시지를 듣게 된다.

그 '낯선 이'는 멀리서 좋은 소식을 가지고 오셨지만 그 누구에게도 그것을 들으라고 강요하지 않으셨다. 다만 "만일 … 하려거든"이라고 말씀하시고 이 세상을 떠나셨다. 그분은 거슬리지 않고 예의 바르고 친근하시지만, 그분에게는 왕의 도장이 있다. 그분의 말씀에는 신적 권세가 있고, 그분의 눈은 재판정이고, 그분의 얼굴은 마지막 심판이다.

그분이 "만일 누구든지 나를 따라오려거든"이라고 말씀하셨지만 어떤 사람들은 일어나 그분을 따를 것이고, 또 어떤 사람들은 그분의 말씀을 무시할 것이다. 그리하여 그분을 따르는 사람들과 그분을 따르지 않는 사람들 사이에는 큰 간격이 생기기 시작할 것이다. 사람들 각자가 그분의 초대 음성을 따르거나 거부할 때마다 그 간격이 점점 더 벌어지는 무서운 일이 조용히 진행된다. 세상이 모르는 중에, 어쩌면 당사자도 모르는 중에 간격은 자꾸 벌어진다.

### 하나님나라에 양보와 타협은 없다

그분의 초대 음성을 듣는 사람들은 스스로 결정해야 한다. 그분의 메시지가 제공하는 증거에 근거하여 결정해야 한다. 천둥소리도 없고 하늘에서 내려오는 표적이나 빛도 없다. '그분' 자신이 그분의 증거이다. 그분의 손과 발에 생긴 못 자국이 그분의 지위와 직무를 말해주는 증거이다. 그분은 다시 시험대에 오르지 않으실 것이다. 논쟁하지도 않으실 것이다. 그러나 심판의 아침이 오면, 각 사람들이 여명(黎明) 가운데 결정한 것을 드러내실 것이다.

그분을 따르기 원하는 사람들은 그분의 조건을 받아들여야 한다. 그분은 "만일 누구든지 나를 따라오려거든 자기를 부인하고 자기 십자가를 지고"라고 말씀하셨다. 그런 다음 그분은 우리를 설득하기 위한 말씀을 덧붙이지 않으셨다. 그분은 강제력을 사용하지 않으실 것이다. 하지만 타협도 하지 않으실 것이다. 사람들은 그들의 조건을 제시할 수 없고 단지 그분의 조건에 동의해야 한다.

수많은 사람들이 그분의 조건에 따르기를 싫어하기 때문에 그분에게서 돌아선다. 그분은 그들이 떠나가는 것을 그냥 보고 계시는데, 왜냐하면 그들을 사랑하시지만 그들과 타협하지 않으시기 때문이다. 만일 타협과 양보를 통해 한 영혼을 하나님나라로 들여보낸다면 그 나라는 더 이상 안전하지 못할 것이다. 그리스도는 주님이 되시든지 아니면 심판자가 되실 것이다. 모든 인간은 그분을 주님으로 받아들이든지 아니면 심판 날에 그분을 심판자로 대하든지 둘 중에 하나를 선택해야 한다.

### 자기를 부인하라

그렇다면 제자가 되기 위한 조건은 무엇인가? 인류를 완벽하게 알고 계신 분만이 그런 조건을 제시하실 수 있을 것이다. 오직 주님만이 "자기를 부인하라"라는 엄격한 요구 때문에 생길 수 있는 결과를 감당하실 수 있을 것이다.

주님의 이런 요구를 들은 우리는 놀라서 머리를 가로저으며 "우리가 잘못 들은 것은 아닌가? 주님이 하늘나라의 문턱에 그토록 엄한 규칙을 세워놓으실 수 있는가?"라고 묻게 될 것이다. 그러나 그분은 그렇게 하실 수 있고 또 그렇게 하셨다! 만일 주님이 우리를 구원하시려면 그분은 우리를 우리 자신으로부터 구원하셔야 한다. 우리를 노예로 만들어 부패시킨 것은 우리 자신이다.

구원은 오직 '우리 자신을 부인하는 것'을 통해 온다. 우리 힘으로는 자아가 우리를 묶고 있는 사슬을 끊어버릴 수 없지만, 주님은 "자기를 부인하라"라는 말씀에 이어 "자기 십자가를 지라"라고 말씀하심으로써 힘의 원천, 즉 영혼을 해방시키는 힘의 원천을 알려주셨다.

이제까지 사람들은 십자가를 미화하고 상징화해왔지만 예수님이 말씀하신 십자가에는 아름다운 것이 없다. 그것은 사형의 도구였다. 십자가의 기능은 오직 사람들을 죽이는 것이었다. 사람들이 십자가를 지고 있었던 것이 아니라 십자가가 사람들을 붙잡고 있었던 것이다. 기괴하게 생긴 장식용 핀이 옷깃에 달라붙어 있듯이 십자가에 달라붙어 있는 사람이 몸부림치며 신음하다가 결국 조용해지고 꼼짝 못할 때까지 십자가는 잔인하게 서 있다. 그런 것이 십자가이다. 그 이하가 아니다. 만일 십자가에서 눈물과 피와 고통을 빼버린다면 그것은 더 이상 십자가가 아니다. 예수님은 "'자기' 십자가를 지라"라고 말씀하셨다. 죽음을 통해 우리는 '우리 자신에게서 건짐 받는 구원'을 얻게 될 것이다.

해 아래에 이상한 것이 하나 있는데 그것은 십자가 없는 기독교이다. 기독교 국가들의 십자가는 십자가가 아니고 단지 교회의 상징일 뿐이다. 그러나 그리스도의 십자가는 죽음의 장소이다. 우리 각 사람은 어떤 십자가를 져야 할지를 신중히 분별해야 한다.

예수님은 "자기 십자가를 지고 나를 따를 것이니라"(마 16:24)라고 말씀하셨다. 갈보리에서 막 돌아온 사람에게 이제 영광의 빛이 비치기 시작한다. "나를 따르라"라는 말씀은 초대요 도전이요 약속이다. 십자가는 생명의 끝이며 또 생명의 시작이다.

십자가에서 끝난 생명은 죄와 노예의 생명이었고, 거기서 시작된 생명은 거룩함과 영적 자유의 생명이다.

주님이 "나를 따르라"라고 말씀하셨는데 신앙은 앞서 가는 빛을 따라가기 위해 열심히 뛰어간다. 앞으로 닥칠 모든 날을 위한 주님의 계획을 알게 될 때 비로소 우리는 "나를 따르라"라는 초대의 말씀 속에 담긴 모든 의미를 알 수 있을 것이다. 앞으로 닥칠 모든 날에 대해 각 사람은 자기 나름대로 이런저런 꿈을 꿀 것이다. 예를 들면, 공평한 세상에 대한 꿈, 새로운 깨달음에 대한 꿈 또는 속량 받은 사람이 겪게 될 긴 여정에 대한 꿈같은 것 말이다. 하지만 예수님을 따르는 사람이라면 누구나 그분이 꿈보다 현실이 앞서도록 하셨다는 것을 결국 깨닫게 될 것이다.

PART 7

# 철저한 십자가:
# 그것의 약속

진정한 그리스도인은 완전한 사랑이 선사하는 '완전히 행복한 미래'를 기대해도 좋다.
사랑은 사랑의 대상에게 최대한 긴 기간 동안 최대한 충만한 즐거움을 선사하기 원한다.
그러므로 그리스도께서는 더할 나위 없이 행복한 미래를 우리를 위해 준비하고 계신다.

CHAPTER 26

# 그리스도의 부활이
# 죽음을 이겼다

THE RADICAL CROSS

**부활절의 본질**

　부활절 기념은 교회 역사의 아주 초기부터 시작되었고 지금까지 중단 없이 시행되어 왔다. 부활절을 어떤 식으로든 기념하지 않는 교회는 거의 없다. 단순히 부활을 찬양하는 찬송가를 부르든 아니면 매우 정교한 의식을 거행하든 간에 거의 모든 교회가 부활절을 기념한다.

　지금 나는 부활절이라는 말의 어원적 유래나 부활절을 언제 지켜야 하는가 하는 해묵은 논쟁에 뛰어들지 않겠다. 나는 수많은 사람들에게 있어 현재 부활절 행사들이 이교도의 축제와 다를 바 없다는 것을 부인하지 않는다(그것은 우리가 마땅히 인정해야 할 사실이다). 다만 나는 부활절에 대해 두 가지 질문을 던지고 그 질문에 대답하기를 원한다.

첫 번째 질문은 '부활절의 본질이 무엇이냐' 하는 것이고, 두 번째 질문은 부활절이 오늘날의 평범한 그리스도인에게 '실제적으로 무엇을 의미하느냐' 하는 것이다.

첫 번째 질문은 쉽게 대답할 수도 있고 아니면 수천 페이지의 책을 써서 대답해야 할 질문일 수도 있다. 그 날의 진정한 의미는 한 사건에서 유래한다. 그 한 사건은 세계지도에서 그 위치를 확인할 수 있는 특정한 장소에서 특정한 날 일어난, 믿을 수 있는 역사적 사건이다. 그것은 빈 무덤 옆에 서서 "그가 여기 계시지 않고 그가 말씀하시던 대로 살아나셨느니라"(마 28:6)라고 말한 두 천사에 의해 제일 처음 선포되었고, 그 다음 그리스도의 부활 후에 그분을 본 사도 바울에 의해 확인되었다. 사도 바울은 장엄하고 아름다운 다음과 같은 말로 그것을 확인해주었다.

"그러나 이제 그리스도께서 죽은 자 가운데서 다시 살아나사 잠자는 자들의 첫 열매가 되셨도다 사망이 한 사람으로 말미암았으니 죽은 자의 부활도 한 사람으로 말미암는도다 아담 안에서 모든 사람이 죽은 것같이 그리스도 안에서 모든 사람이 삶을 얻으리라 그러나 각각 자기 차례대로 되리니 먼저는 첫 열매인 그리스도요 다음에는 그가 강림하실 때에 그리스도에게 속한 자요"(고전 15:20-23).

이것이 부활절의 본질이다. 예수라는 사람이 십자가형을 통해 많은 사람들 앞에서 죽었지만 다시 살아났다는 것이 부활절의 본질이다. 로마 병사들이 그분을 십자가에 못 박고 그분의 생명이 다할 때까지 지켜보았다. 그 후 아리마대 요셉이라는 사람이 이끄는 신뢰할 수 있는 한 무리가 그분을 십자가에서 내려 무덤에 두었다. 그 후 로마 권세자들이 무덤을 봉인하고 무덤 앞에 파수꾼들을 세웠다. 그것은 그분의 제자들이 지나친 열정에 사로잡힌 나머지 잘못 생각하여 그분의 시신을 훔쳐가는 일이 일어나지 못하도록 하기 위함이었다. 무덤에 파수꾼들을 세운 그들의 마지막 조치는 제사장들과 바리새인들의 아이디어에 따른 것이었는데, 그것이 자충수(自充手)였다는 것은 그 후 여러 세대들에게 분명히 알려지게 되었다. 그것은 결국 그리스도의 몸이 완전히 죽었으며 모종(某種)의 기적이 아니면 무덤에서 결코 나올 수 없었다는 것을 확인해주었기 때문이다.

죽음의 장소에 누워 있던 분은 무덤과 파수꾼들과 봉인에도 불구하고, 아니 죽음 자체에도 불구하고 3일 후에 다시 살아나셔서 무덤 밖으로 나오셨다. 그것은 5백 명 이상의 믿을 만한 사람들이 증언한 역사적 사실이다. 그들 중 한 사람은 (일부 학자들의 말에 의하면) 역사상 가장 뛰어난 지적 능력의 소유자 중 한 사람이었다. 물론, 그 사람은 나중에 예수 그리스도의 제자가 되고 또 사도 바울이 된 사울이었다. 부활절은 2천 년의 역사 동안 교회가 믿어온 것이고 기념해온 것이다. 또 지금도 교회가 기념하고 있는 것이다.

### 부활절의 실제적 의미

이 모든 것이 사실이라면, 이것은 우리에게 무엇을 의미하며 또 무엇을 의미할 수 있는가? 다시 말해서, 그리스도의 부활 사건이 시간적으로나 공간적으로 그토록 멀리 떨어져 살고 있는 우리에게 무엇을 의미하고 또 무엇을 의미할 수 있는가?

그 밝은 첫 부활의 아침과 우리 사이에는 시간적으로는 2천 년, 공간적으로는 수천 킬로미터가 놓여 있다. 매년 부활절이 돌아오면 우리는 봄이 돌아왔다는 기쁨을 느끼고 아름다운 찬송가를 부르고 밝은 분위기에 들뜬다. 좋다! 하지만 그런 것들을 떠나서, 아니면 그런 것들에 덧붙여서 부활절이 우리에게 어떤 실제적 의미를 갖는가?

바울의 표현을 빌려 말하자면, 그런 의미는 범사에 많다(롬 3:2 참조). 한 가지 예를 들자면, 그리스도의 죽음과 관련된 어떤 의문도 그분의 부활에 의해 영원히 제거되었다. 그리스도께서는 성결의 영(靈)으로는 죽은 자들 가운데서 부활하사 능력으로 하나님의 아들로 선포되셨다(롬 1:4 참조). 복잡한 구약 예언의 체계 속에서 그분이 차지하는 위치가 그분의 부활로 말미암아 확증되었다. 부활 후 그분은 낙심한 두 제자와 함께 길을 걸으셨는데 그때 그들의 불신앙을 꾸짖은 다음 "그리스도가 이런 고난을 받고 자기의 영광에 들어가야 할 것이 아니냐"(눅 24:26)라고 말씀하셨다. 그리고 모세와 모든 선지자의 글로 시작하여 모든 성경에 쓴 바 자기에 관한 것을 자세히 설명하셨다(눅 24:27).

부활의 또 다른 실제적 의미는 그리스도께서 그분의 십자가만으로는 우리를 구원하실 수 없었을 것이라는 점이다. 주님의 완성된 사역이 효력을 발생하도록 하기 위해 그분은 부활하셔야 했다. 만일 주님의 부활이 없었다면 주님은 그분이 구원하려고 하셨던 사람들처럼 아무 능력도 갖지 못하셨을 것이다. 바울은 "예수는 … 우리를 의롭다 하시기 위하여 살아나셨느니라"(롬 4:25)라고 선포했다. 그의 이 말에는 "의를 향한 우리의 소망은 죽음을 이기고 죽음의 능력을 초월한 그리스도의 능력에 근거한다"라는 뜻이 담겨 있다.

과거의 한때 이 땅에서 사셨던 그리스도께서 지금도 살아 계시다는 것을 아는 것도 우리에게 매우 중요한 실제적 의미를 갖는다. 베드로는 오순절 날에 "이스라엘 온 집은 확실히 알지니 너희가 십자가에 못 박은 이 예수를 하나님이 주와 그리스도가 되게 하셨느니라"(행 2:36)라고 선포했다. 그의 이 말은 "하늘과 땅의 모든 권세를 내게 주셨으니"(마 28:18)라는 우리 주님의 말씀과 부합하고, 또 "지금 우리가 하는 말의 요점은 이러한 대제사장이 우리에게 있다는 것이라"(히 8:1)라는 히브리서의 증언과도 일치한다.

그런데 그리스도는 여전히 살아 계실 뿐만 아니라 앞으로도 결코 다시 죽지 않으신다. 바울은 "그리스도께서 죽은 자 가운데서 살아나셨으매 다시 죽지 아니하시고 사망이 다시 그를 주장하지 못할 줄을 앎이로라"(롬 6:9)라고 말했다.

끝으로, 만일 우리가 순종하고 신뢰한다면 그리스도의 모든 것과 그분이 우리를 위해 이루신 모든 것이 우리의 것이 된다.

우리의 대장이 승리하셨기 때문에
우리는 넉넉히 이긴다.
앞으로 나아가면서
그분의 승리를 외치자.

CHAPTER

# 십자가의 구원은
# 영원 전에 계획되었다

**속죄에 대한 오해**

십자가 때문에 하나님께서 바뀌신 것은 아니다. 성경에는 "나 여호와는 변하지 아니하나니"(말 3:6)라는 말씀이 나온다.

그리스도의 십자가 사역 때문에 하나님께서 영향을 받으시어 우리를 사랑하시는 것이 아니다. 십자가 때문에 그분의 사랑이 더 많아진 것이 아니며, 십자가 때문에 그분의 마음속에서 은혜와 자비의 샘이 열린 것이 아니다. 하나님은 영원 전부터 우리를 사랑하셨고, 그 무엇도 그분의 사랑에 영향을 주지 못했다. 십자가가 원인이 되어 하나님의 사랑이 생긴 것은 아니다. 오히려 그분의 사랑이 원인이 되어 그분이 십자가를 우리의 구원을 위한 유일한 수단으로 삼으신 것이다.

그리스도께서 우리를 위해 돌아가신 후에 하나님께서 우리를 향한 태도를 바꾸신 것이 아닌데, 하나님의 마음속에서 그리스도는 이미 창세전에 돌아가셨기 때문이다. 하나님은 오직 속죄(贖罪)를 통해서만 우리를 보셨다. 만일 그리스도께서 그분의 속죄의 망토를 인류에게 덮어주지 않으셨다면 타락한 인류는 단 하루도 존재할 수 없었을 것이다. 예루살렘 위로 솟아오른 언덕으로 끌려가 십자가에서 돌아가시기 오래전에 그분은 영원한 목적을 위해 인류에게 속죄의 망토를 덮어주셨다. 하나님께서 인간을 다루신 모든 일은 십자가에 근거하여 이루어졌다.

십자가에 대해 온당치 못한 생각들이 많이 쏟아져나왔는데 그로 인하여 많은 해로운 교훈들이 나타났다. 진노하신 하나님께서 팔을 들어 우리를 내리치시려고 할 때 그리스도께서 숨 가쁘게 달려와 막으셨다는 사상은 성경적 사상이 아니다. 이런 이야기는 끝을 다 알 수 없는 속죄의 신비를 설명하는 과정에서 인간 언어의 불가피한 한계 때문에 생긴 것이다.

그리스도께서 하나님의 진노를 풀어드리기 위해 떨면서 십자가로 가셨다는 설명도 사실과 맞지 않는 설명이다. 성경은 거룩한 삼위(三位)께서 서로 일치하지 않거나 서로 대립하신다고 말하지 않는다. 거룩한 삼위께서는 이제까지 언제나, 또 앞으로 영원토록 본질과 사랑과 목적에 있어서 하나이시다!

　우리는 삼위 중 한 분이 다른 분과 충돌하심으로써 속량받은 것이 아니라 영원 전부터 존재한 신성(神性)의 영광스런 조화 가운데 일하신 삼위에 의해 속량받은 것이다.

# 무한하신 하나님의
# 측량할 수 없는 은혜를 누려라

### 은혜는 오직 그리스도를 통해 온다

내가 소개하고 싶은 두 가지 진리가 있다. 나는 당신이 내 이야기를 가슴 깊이 새기기 바란다. 만일 어떤 설교자나 대학 교수가 나와 다르게 말하거든 그에게 내 이야기를 전해주길 바란다.

내가 말하고 싶은 첫 번째 진리는, 우리가 오직 은혜로 구원을 받는다는 것이다. 은혜를 통하지 않고는 그 누구도 구원받을 수 없다. 이전에도 없었고 지금도 없으며 앞으로도 없을 것이다. 모세 이전에 은혜를 통하지 않고 구원받은 사람은 한 명도 없다. 모세 시대에 누구도 은혜 없이는 구원받지 못했다. 모세 이후 십자가 사건 전에, 십자가 사건 후에 이제까지 그 누구도 은혜를 통하지 않고는 구원을 얻지 못했다. 아벨이 연기 나는 제단 위에서 하나님 앞에 양의 첫 새끼를 드린 이후 언제 어디서나 어느 시대에나 은혜 이외의 다른 방법으로는 누구도 구원받지 못했다.

두 번째 진리는, 은혜가 언제나 예수 그리스도를 통해 온다는 것이다. 율법은 모세를 통해 주어졌지만 은혜는 예수 그리스도를 통해 왔다. 하지만 그렇다고 해서 예수님이 동정녀 마리아에게서 나시기 전에는 은혜가 없었다는 말이 아니다. 예수님이 오시기 전에도 하나님은 그분의 성육신(成肉身)과 죽음을 미리 내다보시고 인류를 은혜로 대해주셨다. 지금, 즉 그리스도께서 이 땅에 오셨다가 아버지의 우편으로 돌아가신 지금 우리가 십자가를 돌아보듯, 하나님께서도 십자가를 돌아보신다. 은혜는 예수 그리스도를 통해 왔다. 십자가 사건 이후 구원받은 모든 사람은 십자가를 돌아봄으로써 구원받았다.

은혜는 언제나 예수 그리스도를 통해 온다. 은혜는 예수님이 탄생하셨을 때 온 것이 아니라 영원 전부터 있었던 하나님의 계획에 따라 왔다. 오직 그리스도에 의해, 그분을 통해, 그분 안에서 은혜가 사람들에게 주어졌다. 아담과 하와에게 자녀가 없을 때 하나님께서는 은혜로 말미암아 그들을 살려주셨다. 그들에게 아들 둘이 생겼는데 그중 하나는 하나님께 양의 첫 새끼를 드리며 "나는 하나님의 어린양을 내다본다"라고 말했을 것이다. 그는 그리스도께서 태어나시기 아주 오래전에 그리스도의 은혜를 받아들였고, 하나님으로부터 의롭게 되었다는 증거를 받았다.

그리스도께서 태어나 구유에 누우셨을 때 은혜가 온 것이 아니다. 그분이 세례를 받거나 성령의 기름부음을 받으셨을 때 은혜가 온 것이 아니다. 그분이 십자가에서 돌아가셨을 때 은혜가 온 것이 아니다. 그분이 다시 사셨을 때 은혜가 온 것이 아니다. 그분이 아버지 우편으로 가셨을 때 은혜가 온 것이 아니다. 은혜는 영원한 아들이신 예수 그리스도를 통해 태초부터 왔으며, 갈보리 십자가에서 붉은 피와 눈물과 땀과 죽음을 통해 나타났다. 은혜는 태초부터 항상 작용해왔다.

만일 하나님께서 인류를 은혜로 대하지 않으셨다면 벌써 인류를 쓸어버리셨을 것이다. 아담과 하와를 무서운 심판의 발로 밟아버리셨을 것인데, 그들은 심판을 받아 마땅한 죄인들이었기 때문이다.

### 하나님께서 정하신 은혜의 계획

하나님은 은혜의 하나님이시기 때문에 이미 영원한 계획을 갖고 계셨다. 그것은 은혜의 계획이었고, '창세 이후로 죽임을 당한 어린양'(계 13:8 참조)을 중심으로 한 계획이었다. 그분의 계획에는 당혹스런 돌출 변수가 없었다. 그분은 뒤로 한 발 물러서며 "미안하지만 내가 일을 엉망으로 만들었다"라고 말씀하실 필요가 없었다. 그분은 그분의 계획대로 진행하셨다.

모든 사람은 어느 정도 하나님의 은혜를 얻는다. 세상에서 가장 낮은 여자나 세상에서 가장 죄가 많은 냉혹한 남자까지도 그분께 은혜를 얻는다. 가룟 유다나 히틀러 같은 사람들까지도 말이다. 만일 하나님께서 은혜를 베풀지 않으셨으면 그들은 일찌감치 죽임을 당해 세상에서 사라졌을 것이다. 당신과 나도 마찬가지이다. 모든 사람이 마찬가지이다. 모든 사람이 죄인이므로 그들 사이에는 별 차이가 없다.

어떤 여자가 집을 청소한다고 가정해보자. 어떤 쓰레기는 검은색이고 어떤 쓰레기는 회색이고 어떤 쓰레기는 밝은 색이겠지만, 그것들은 모두 더럽기 때문에 청소의 대상이 된다. 하나님께서 세상을 내려다보실 때 도덕적으로 밝은 색의 사람들이 있고 어두운 색의 사람들이 있고 또 얼룩덜룩한 사람들이 있겠지만, 그들은 모두 더러운 존재이기 때문에 도덕적 청소의 대상이 된다.

하나님의 은혜는 모든 사람에게 주어진다. 하지만 그분의 구원의 은혜는 다르다. 그분의 은혜가 예수 그리스도를 믿는 믿음을 통해 작용하게 될 때 신생(新生)이 일어난다. 하나님의 은혜는 심판을 보류하는데 그것은 그분의 인자하심 가운데 모든 사람들에게 회개의 기회를 주기 위함이다.

### 은혜는 하나님의 속성이다

은혜는 하나님의 선하심이요 그분 마음의 친절하심이요 그분의 호의요 그분의 마음 깊숙한 곳에서 우러나는 자비이다. 은혜는 하나님의 속성이다. 하나님께서는 언제나 은혜로우시다. 그분에게는 가혹한 부분이 없다. 그분은 언제나 은혜로우신데 그 은혜는 모든 민족에게 언제까지나 주어진다. 당신은 그분에게서 비열함이나 원한이나 적의나 악의를 볼 수 없는데 왜냐하면 그분께 그런 것들이 없기 때문이다. 그분은 그 누구를 향해서도 악의를 품지 않으신다. 그분은 완전한 친절함과 따뜻함과 호의와 자비의 하나님이시다.

그런데 하나님의 이런 모든 속성은 그분의 공의 및 심판과 완벽하게 조화를 이루어 일한다. 나는 심판과 지옥이 있다고 믿는다. 하지만 또한 나는 회개하지 않기 때문에 하나님께 거부당할 사람들이 있겠지만 그럼에도 불구하고 은혜가 있을 것이라고 믿는다. 하나님께서는 우주의 모든 것을 향해 여전히 은혜의 마음을 품으실 것이다. 그분은 하나님이시기 때문에 그렇게 하시지 않을 수 없다.

하나님의 은혜는 무한하다. 하지만 나는 당신이 무한이라는 것을 이해하기 위해 머리를 짜낼 필요는 없다고 생각한다. 내가 무한에 대해 설교하는 만용을 부린 적이 몇 번 있었다. 물론 나는 그런 설교를 잘해냈지만 어디까지나 '내가' 볼 때 잘해냈다는 것이다. 우리는 무한을 우리 자신의 한계 안에서 생각해야지 하나님의 관점에서 생각할 수는 없다.

하나님께서는 자신 안에 있는 어떤 것을 그분 안에 있는 다른 어떤 것과 비교하지 않으신다. 다시 말해서 하나님께서는 자신의 은혜를 자신의 공의와 비교하지 않으시고, 자신의 자비를 자신의 사랑과 비교하지 않으신다. 하지만 하나님께서는 자신의 은혜를 우리의 죄와 비교하신다. 성경은 "[하나님의] 은혜의 풍성함을 따라"(엡 1:7) "[은혜가] 많은 사람에게 넘쳤느니라"(롬 5:15)라고 말한다. 또한 성경은 "죄가 더한 곳에 은혜가 더욱 넘쳤나니"(롬 5:20)라고 말한다. 하나님은 '더욱'이라고 말씀하셨지만 그분에게는 정도(程度)의 차이가 없다. 정도의 차이는 인간에게 있을 뿐이다.

하나님 안에 있는 어떤 것이 그분 안에 있는 다른 어떤 것과 비교하는 일은 일어나지 않는다. 하나님은 하나님이실 뿐이다!

성경이 "은혜가 더욱 넘쳤나니"(롬 5:20)라고 말할 때 그것은 "은혜가 하나님 안에 있는 다른 어떤 것보다 더 넘쳤다"라는 뜻이 아니라 "은혜가 우리 안에 있는 어떤 것보다 더 넘쳤다"라는 뜻이다. 어떤 사람이 아무리 많은 죄를 범했다 할지라도 말 그대로, 진정으로 은혜가 그 사람에게 넘친다.

존 번연(John Bunyan, 1628~1688. 영국의 청교도로서 불후의 명작 《천로역정》을 썼다)은 그의 삶의 이야기를 책으로 써 《죄인 괴수에게 넘치는 은혜》(Grace Abounding Toward the Chief of Sinner)라는 제목을 붙였다. 나는 이것이 책 제목으로 가장 탁월한 제목 중 하나라고 생각한다. 번연은 자기가 하나님의 은혜를 받을 자격이 가장 적은 사람이라고 진정으로 믿었다. 그러나 그에게 은혜가 넘쳤다! 본래 우리는 하나님께서 도덕적으로 인정하실 수 없는 상태에 있는 자들이다. 우리는 죄 때문에 하나님의 영원한 진노와 추방의 형벌을 받아야 마땅한 자들이다. 하지만 그런 우리에게 하나님의 은혜가 임했다. 그것은 하나님의 인자하심과 선하심이 이해할 수 없을 정도로 무한히 압도적으로 넘쳤기 때문에 가능한 것이다.

우리가 이 사실을 기억하기만 한다면 우리는 값싼 오락에 몸을 맡기는 얄팍한 짓을 하지 않아도 될 것이다. 죄밖에 없는 우리를 향한 하나님의 은혜를 생각하기만 한다면 우리는 이해할 수 없을 정도로 무한한 그분의 이 속성에 완전히 압도될 것이다. 그토록 크고 넓은 속성을 감히 누가 이해할 수 있겠는가!

만일 하나님의 은혜의 양(量)이 제한된 것이었다면 그분이 그토록 오랜 세월 동안 우리를 참아주실 수 있었겠는가? 만일 그분의 어떤 것이 제한된 양에 묶여 있다면 그분은 하나님이 아니실 것이다. 사실 그분에 대해 '양'이라는 말을 사용해서는 안 되는데, '양'이라는 말에는 '측량(測量)하다'라는 뜻이 내포되기 때문이다. 우리는 하나님의 그 어떤 것도 측량할 수 없다. 그분은 일정 범위 안에서 존재하시는 분이 아니기 때문이다. 측량할 수 있는 것은 인간이나 별 같은 존재들이다.

'거리'라는 것은 천체들이 차지한 공간과 그것들이 다른 천체들과 갖는 관계를 설명하는 방식이다. 달은 40만 킬로미터 떨어져 있고, 태양은 약 1억 5천만 킬로미터 떨어져 있으며, 다른 천체들도 일정 거리를 두고 서로 떨어져 있다. 천체들 사이의 거리는 이런 식으로 측량이 가능하다. 하지만 하나님의 그 어떤 것도 인간이 측량할 수 없다. 하나님의 모든 것이 무한하시므로 그분의 은혜도 언제나 측량할 수 없을 정도로 충만하다. 우리는 '놀라운 하나님의 은혜'라고 찬송한다. 그렇다! 말 그대로 '놀라운 은혜'이다! 하나님의 은혜의 충만함을 우리가 어찌 이해할 수 있겠는가!

### 하나님답게 행동하시는 하나님

하나님의 은혜를 생각하는 방법은 두 가지이다. 첫째는 우리 자신이 얼마나 큰 죄인이었는지를 보고 "하나님의 은혜가 너무나도 크다. 나 같은 죄인을 용서하셨으니 그분의 은혜는 우주만큼 크다"라고 말하는 것이다. 이것이 하나님의 은혜를 말하는 한 가지 방법이다. 이것은 좋은 방법이고, 아마도 가장 대중적인 방법일 것이다.

하지만 하나님의 은혜를 생각하는 또 다른 방법이 있다. 그것은 그분이 어떤 분이신가를 염두에 두고 은혜를 생각하는 것이다. 다시 말해서, '하나님다움'이라는 관점에서 은혜를 생각하는 것이다. 죄인에게 은혜를 베푸실 때 그분은 극적(劇的)으로 행동하지 않으시고 '하나님답게' 행동하신다. 언제나 그분은 '하나님답게' 행동하시지 그 외의 다른 방식으로는 행동하지 않으신다. 만일 공의에 의해 정죄 받은 사람이 그리스도 안에서 나타난 하나님의 은혜에 등을 돌리고 구원을 거절한다면 장차 하나님께서는 그를 심판하실 것인데, 그때 하나님은 '하나님답게' 행동하신다. 그분이 인류에게 사랑을 베푸실 때 그분은 역시 '하나님답게' 행동하신다. 그분이 "자기 지위를 지키지 아니하고 자기 처소를 떠난 천사들을"(유 1:6) 심판하실 때 그분은 역시 '하나님답게' 행동하신다.

언제나 하나님께서는 조화를 이룬 완전한 본질의 충만함에 따라 행동하신다. 언제나 그분은 넘치는 선하심을 느끼시며, 그분의 모든 다른 속성들과의 조화 속에서 그것을 느끼신다. 그분 안에는 좌절이 없다. 그분의 모든 부분들은 완벽한 조화 가운데 존재하며 그분 안에는 어떤 좌절도 없다. 그런데 그분은 이 모든 것을 그분의 영원한 아들 안에 두셨다.

많은 사람들은 하나님의 선하심에 대해 논하는 중에 감상적(感傷的)으로 변해서 "하나님은 매우 선하시기 때문에 아무에게도 벌을 내리시지 않는다"라고 말하며 지옥을 부인한다. 그러나 하나님을 제대로 이해한 사람은 그분의 사랑을 믿을 뿐만 아니라 그분의 거룩함도 믿는다. 그분의 자비를 믿을 뿐만 아니라 그분의 공의도 믿는다. 만일 당신이 영원한 하나님의 거룩한 완전한 통일성을 본다면, 유일하신 하나님의 심판의 행동을 본다면 당신은 악을 선택한 사람이 그 거룩한 하나님 앞에 거할 수 없다는 것을 알게 될 것이다.

지나치게 한쪽으로만 사고하는 사람들의 책이나 글의 영향으로 많은 사람들이 하나님의 인자와 사랑과 온유만 본다. 그들은 입을 열었다 하면 "하나님은 측량할 수 없을 정도로 무한히 인자하시다. 그분의 사랑은 끝도 없고 한도 없다"라고 말한다. 그러나 그분은 인자와 사랑의 하나님이시지만 동시에 거룩함과 공의의 하나님이시기도 하다.

  하나님의 은혜가 오직 예수 그리스도를 통해서만 우리에게 전달된다는 것을 기억하라. 삼위일체의 제2위이신 그리스도께서 은혜의 통로를 여셨기 때문에 은혜가 우리에게 흘러왔다. 은혜는 아담이 죄를 범한 날부터 흐르기 시작하여 구약 시대에도 계속 흘렀다. 그것은 그리스도를 통하지 않고는 결코 흐르지 않는다. 그러므로 하늘에 계신 우리 아버지의 선하심에 대해 꿈같은 시를 더 이상 쓰지 말라. 물론 그분은 사랑이시다. 하지만 그렇다고 해서 "사랑은 하나님이고 하나님은 사랑이시고 사랑이 모든 것이고 모든 것은 하나님이기 때문에 만사가 평안할 것이다"라고 말하는 것은 황당한 사고방식이다. 그런 사고가 오늘날 유행하고 있지만, 그것은 완전히 잘못된 교훈이다.

### 은혜는 십자가에서 나온다

  누구든지 이 측량할 수 없는 은혜를 알려고 한다면, 우리를 완전히 압도하는 이 놀라운 하나님의 선하심을 알려고 한다면, 그는 십자가의 그늘 안으로 들어가야 한다. 하나님께서 그분의 은혜를 베푸시는 자리로 가야 한다. 미래의 십자가를 내다보든지 아니면 과거의 십자가를 돌아보아야 한다. 내다보든지 아니면 돌아보든지 둘 중 한 가지 방법으로 십자가를, 즉 예수님께서 돌아가신 십자가를 보아야 한다. 은혜는 창에 찔린 그분의 옆구리에서 흘러나온다. 거기서 흘러나온 은혜가 아벨을 구원했고 당신과 나를 구원한다.

주님은 "나로 말미암지 않고는 아버지께로 올 자가 없느니라"(요 14:6)라고 말씀하셨다. 베드로는 "[예수 그리스도의 이름 외에] 천하 사람 중에 구원을 받을 만한 다른 이름을 우리에게 주신 일이 없음이라 하였더라"(행 4:12)라고 선포했다.

그렇게 된 이유는 예수 그리스도께서 하나님이시기 때문이다. 율법은 모세를 통해 왔다. 모세를 통해 올 수 있는 것은 율법뿐이다. 하지만 은혜는 그리스도를 통해 왔다. 그런데 은혜는 태초부터 왔다. 그것은 오직 예수 그리스도를 통해 올 수밖에 없었는데, 하나님으로서 죽음을 맛볼 수 있는 분이 오직 그분밖에 없었기 때문이다. 육체를 취하고도 여전히 무한한 하나님일 수 있는 분은 오직 그분뿐이셨다. 그분이 이 땅을 거닐며 아이들의 머리를 쓰다듬어주시고 창녀들을 용서하시고 사람들에게 복을 주셨을 때 그분은 특정 상황에서 '하나님답게' 행동하신 하나님이셨다. 하나님께서 행하신 모든 것들에서 그분은 그분답게 행하신 것이다.

CHAPTER

# 십자가 뒤에 있는
# 말할 수 없는 기쁨을 맛보라

### 옛 십자가 vs 새 십자가

우리가 우리 자신을 그리스도의 추종자라고 부르면서도 그분의 종들의 말을 그토록 가볍게 여기는 것은 참으로 놀라운 일이 아닐 수 없다. 만일 우리가 하나님의 종 야고보의 훈계를 심각하게 받아들인다면, 우리는 지금처럼 행동할 수 없을 것이다. 야고보의 말을 들어보자.

"내 형제들아 영광의 주 곧 우리 주 예수 그리스도에 대한 믿음을 너희가 가졌으니 사람을 차별하여 대하지 말라 만일 너희 회당에 금 가락지를 끼고 아름다운 옷을 입은 사람이 들어오고 또 남루한 옷을 입은 가난한 사람이 들어올 때에 너희가 아름다운 옷을 입은 자를 눈여겨 보고 말하되 여기 좋은 자리에 앉으소서 하고 또 가난한 자에게 말하되 너는 거기 서 있든지 내 발등상 아래에 앉으라 하면 너희끼리 서로 차별하며 악한 생각으로 판단하는 자가 되는 것이 아니냐 내 사랑하는 형제들아 들을지어다 하나님이 세상에서 가난한 자를 택하사 믿음에 부요하게 하시고 또 자기를 사랑하는 자들에게 약속하신 나라를 상속으로 받게 하지 아니하셨느냐"(약 2:1-5).

야고보가 이 글에서 비판한 사람들과 다른 사고방식을 가진 사람이 있었는데, 그는 사도 바울이었다. 바울은 "십자가로 말미암아 내가 세상을 대하여 십자가에 못 박혔다"(갈 6:14 참조)라고 말했다. 예수님께서 돌아가신 십자가는 그의 사도가 죽은 십자가가 되었다. 손실, 거부당함, 그리고 부끄러움은 그리스도의 몫이요, 또 진정으로 그분에게 속한 모든 사람의 몫이다. 그들을 구원한 십자가는 또한 그들을 죽인다. 그렇지 않은 것은 가짜 믿음이요, 진정한 믿음이 전혀 아니다.

현재 우리 복음주의 지도자들 중 대부분이 세상의 천하고 상스러운 것들만을 거부하고 나머지 부분에서는 세상의 가치관을 그대로 받아들인 사람들로 살아가는 것을 볼 때 우리는 무슨 말을 해야 하는가? 그들은 십자가에 못 박힌 사람들로 살아가지 않는다. 주님의 추종자들이 세상에서 받아들여지고 칭찬

받는 것을 볼 때 우리는 십자가에 못 박혀 돌아가신 분을 어떻게 볼 수 있을까? 그러면서도 그들은 자기들이 진정한 신자라고 항변하면서 십자가를 전한다. 그렇다면 십자가가 두 개인가? 바울이 말하는 십자가와 그들이 말하는 십자가가 다른 것인가? 솔직히 말해서 그런 것 같아 두렵다. 옛 십자가가 있고 새 십자가가 있는 것 같아 두렵다.

나는 나 자신의 불완전한 점들을 깊이 의식하기 때문에 '그리스도'라는 고결한 이름을 받아들인 모든 사람들을 불쌍히 여기는 마음으로 생각하고 말하려고 노력한다. 하지만 내가 볼 때, 대중적 복음주의의 십자가는 신약성경의 십자가가 아니다. 그것은 자만에 빠진 육신적 기독교의 가슴에 달린 번쩍거리는 장식품에 지나지 않는다.

육신적 기독교는 손은 아벨의 손이지만, 목소리는 가인의 목소리이다. 옛 십자가는 사람들을 죽였지만 새 십자가는 그들을 즐겁게 해준다. 옛 십자가는 비판했지만 새 십자가는 재미있게 해준다. 옛 십자가는 육신에 대한 자신감을 죽였지만 새 십자가는 그것을 조장한다. 전자는 눈물과 피를 쏟게 했지만 후자는 웃음을 선사한다. 자신감에 차 미소 짓는 육신은 십자가를 전하고 노래하고, 십자가 앞에서 절하고, 정교하게 연출된 연극으로 십자가를 보여주지만 십자가 위에서 죽으려고 하지 않고 십자가의 부끄러움을 완고하게 거부한다.

나는 새 십자가를 옹호하는 그럴 듯한 논리들이 얼마나 많이 쏟아져 나왔는지를 잘 안다. 그런 논리를 몇 가지 들어보자. 새 십자가가 회심자들을 만들어냈고 추종자들을 많이 생기게 했고 교인들의 숫자를 증가시키지 않았는가? 변화하는 시대에 우리가 적응해야 하는 것 아닌가? "새 시대에는 새 방법으로!"라는 슬로건을 들어보지 못했는가? 죽음만이 생명에 이르는 길이라고 주장하는 사람들은 아주 구식의 보수주의자들뿐 아닌가? 육신을 십자가에 못 박고 자기를 부인하는 겸손을 실천하라고 권하는 우울한 신비주의에 누가 관심을 갖겠는가?

이런 것들이 대중적 기독교의 무의미한 속 빈 십자가에 지혜의 옷을 입혀주기 위해 나타난 논리들이다. 이 밖에도 훨씬 더 경박한 논리들이 많이 쏟아져 나왔다.

물론 오늘날의 비극적 상황에 눈을 뜬 사람들이 많이 있는 것은 사실이다. 하지만 그들의 증거가 그토록 필요한 상황에서 그들은 어찌하여 침묵하고 있는가? 그리스도의 이름으로 사람들은 그분의 십자가를 공허한 것으로 만들어버렸다. 손에 두 증거판을 들고 산에서 내려온 모세는 이스라엘 진중에서 나오는 큰소리를 듣고 여호수아에게 "내가 듣기에는 노래하는 소리로다"(출 32:18)라고 말했다. 지금 사람들은 조각(彫刻) 도구를 이용하여 금 십자가를 만들고 그 앞에 앉아서 먹고 마시고 일어나 뛰어논다. 무지한 그들은 하나님의 능력의 작품 대신에 그들의 손의 작품을 붙들고 있는 것이다. 아마도 현재 우리에게 가장 필요한 존재는 산기슭에서 돌 판을 던지고 교회를 향해 "너희가 회개하지 않으면 심판을 면하지 못할 것이다"라고 외치는 선지자일 것이다.

**십자가 뒤에는 큰 기쁨이 있다**

그리스도를 따르기 원하는 모든 사람들 앞에 그 길이 분명히 놓여 있다. 그 길은 '생명에 이르기 위해 죽음을 택하는 길'이다. 언제나 생명은 죽음 너머에 있다. 그 생명은 자신에게 환멸을 느끼는 사람에게 가까이 와 더 풍성한 생명을 누리라고 손짓한다. 하지만 그 새 생명에 이르기 위해서는 사망의 음침한 골짜기를 통과해야 한다. 사망의 음침한 골짜기를 통과해야 한다는 말을 듣고 많은 사람들이 등을 돌리고 그리스도를 더 이상 따르지 않을 것이다. 하지만 베드로가 "주여 영생의 말씀이 주께 있사오니 우리가 누구에게로 가오리이까"(요 6:68)라고 말했다는 것을 기억하라.

일부 선량한 사람들은 십자가라는 개념이 우울한 분위기를 풍긴다고 믿기 때문에 뒤로 물러서는 것 같다. 그런 사람들은 햇빛을 좋아하기 때문에 그늘에서 언제나 살아간다는 생각을 견디지 못한다. 그들은 죽음과 함께 살아가기를 원하지 않고, 죽음의 분위기 속에서 항상 살기를 원하지도 않는다. 그들의 본능은 건전한 것이다. 사실 교회는 임종을 맞은 사람들을 돌보고 그들이 죽으면 교회묘지에서 장례식을 치러주는 일에 지나치게 많은 관심과 시간을 쏟아왔다. 교회에서 나는 곰팡이 냄새, 목사의 느리고 엄숙한 발걸음, 예배자들의 무겁게 가라앉은 침묵, 죽은 사람에게 마지막 경의를 표할 때에만 교회에 가는 많은 사람들, 이런 것들 때문에 사람들은 이렇게 말하게 되었다.

"큰 병에 걸리는 것을 피해야 하듯이 종교라는 것도 피할수록 좋다. 큰 병에 걸리면 어쩔 수 없이 수술을 받는 것처럼 인생의 위기에 빠지면 어쩔 수 없이 종교를 찾겠지만 말이야."

그러나 이런 모든 것은 십자가의 종교가 아니라 그것을 천박하게 희화화(戱畵化)한 것이다. 그런데 내가 볼 때, 십자가의 교리와 전혀 관계없는 '교회묘지 기독교'가 오늘날 유행하는 '즐거운 새 십자가'의 출현에 부분적으로 기여했다고 생각된다. 사람들은 생명을 갈망한다. 하지만 "생명은 십자가를 통해 주어진다"라는 말을 들을 때 그들은 어떻게 그렇게 될 수 있는지를 이해하지 못한다. 왜냐하면 십자가를 생각하면 교회의 전형적 이미지들, 즉 고인을 추도하기 위해 교회의 벽에 끼워 넣는 기념패, 불빛이 밝지 않은 교회의 복도, 그리고 교회 담장의 담쟁이덩굴 같은 것들을 연상하는 데 익숙해 있기 때문이다. 그리하여 그들은 십자가의 진정한 메시지를 거부하게 되며, 그렇게 함으로써 인류에게 전달된 유일한 생명의 소망을 거부하게 된다.

하지만 하나님께서는 그분의 자녀들이 언제까지나 십자가 위에 달려 있도록 정해 놓으시지 않았다. 예수님도 십자가에서 여섯 시간 동안만 견디셨다. 십자가가 자기의 일을 끝냈을 때 생명이 찾아와 그 자리를 대신하였다. 사도 바울은 "이러므로 하나님이 그[그리스도]를 지극히 높여 모든 이름 위에 뛰어난 이름을 주사"(빌 2:9)라고 말했다.

그리스도의 기쁨 없는 십자가 사건 다음에는 기쁨으로 충만한 부활이 즉시 뒤따랐다. 하지만 부활 전에 반드시 십자가가 있어야 했다. 십자가를 피하는 삶은 덧없는 저주스런 것으로서 결국 회복되지 못하고 파멸에 빠지게 된다. 그리스도와 다시 살기 위해 십자가로 가서 거기서 자신을 잃어버리는 삶은 불멸의 거룩한 보물이다. 사망이 더 이상 지배할 수 없다. 자신의 노년의 삶을 십자가에 못 박기를 거부하는 사람은 누구나 죽음을 피하려고 발버둥치는 것이다. 하지만 아무리 발버둥칠지라도 생명을 잃어버릴 운명을 피할 수는 없다. 그러나 자기 십자가를 지고 그리스도를 따르는 자는 자기가 무덤에서 멀어지고 있음을 즉시 알게 될 것이다. 죽음은 그의 뒤로 가 있게 되고, 그의 앞에는 기쁨의 삶이 더욱 커질 것이다. 이제부터 그의 삶의 특징을 나타내는 것은 교회의 우울한 분위기, 교회묘지, 힘없는 목소리, 그리고 검은 옷(이것은 죽은 교회를 감싸는 수의와 다를 바 없다)이 아니라 '말로 표현할 수 없는, 영광으로 충만한 즐거움'(벧전 1:8 참조)일 것이다.

# 완전한 사랑이 약속하는
# 완전한 미래를 기다리라

**영원한 복락**

하나님께서 자신의 피조물 각자에게 최대한의 행복을 주기를 원하시는 것은 당연하다. 하나님께서는 무한히 선하시기 때문이다. 물론 그 행복은 그 피조물의 능력에 걸맞은 범위 안에서, 또 다른 피조물들의 행복을 해치지 않는 범위 안에서 주어질 것이다.

하나님은 전지전능한 분이시기 때문에 자신의 뜻을 무엇이든지 이룰 수 있는 지혜와 능력을 갖고 계신다. 하나님께서는 그분의 외아들의 성육신(成肉身)과 죽음과 부활을 통해 우리에게 속량을 허락하셨는데, 그 속량은 믿음을 통해 그 속량의 수

혜자가 된 모든 사람의 영원한 복락을 보장한다.

이것이 교회가 교회의 자녀들에게 믿으라고 가르치는 것인데, 교회의 가르침은 단지 막연한 희망에 불과한 것이 아니라 구약과 신약의 지극히 분명하고 충분한 계시에 근거한 것이다. 이것이 인간 마음의 지극히 고결한 열망과 일치한다는 사실은 이것의 진리성(眞理性)을 약화시키지 않고 오히려 강화시킨다. 왜냐하면 인간의 마음을 지으신 분께서 그 마음의 가장 깊은 열망을 만족시킬 수단을 강구하시는 것이 당연하기 때문이다.

그리스도인들이 이것을 일반적으로 믿는 것은 사실이지만 그들이 천국의 삶을 마음속에 그리는 것은 여전히 쉽지 않으며, 성경에 묘사된 영원한 복락을 상속하는 자신들의 모습을 상상하는 것도 역시 어렵다. 왜 그럴까? 그 이유를 아는 것은 어렵지 않다. 가장 경건한 그리스도인들이라 할지라도 그들은 자기가 어떤 존재인지를 누구보다도 잘 안다. 자기를 잘 아는 사람들은 자기가 지옥에 갈 수밖에 없는 존재라고 믿게 된다.

**자신에 대한 지나친 낙관적 확신을 조심하라**

반면에 자신을 가장 잘 모르는 사람들은 자신의 도덕적 가치에 대한 근거 없는 낙관적 확신에 사로잡혀 있는 경향이 있다. 그런 사람들은 자신이 영원한 복락을 얻을 것이라고 쉽게 믿어버리는데, 난롯가에서 주워들은 단편적 성경구절이나 미신 같은 신앙 이야기들에 강하게 영향 받아 '무늬만 기독교적인 생각'을 갖고 있기 때문이다. 그들은 천국이 캘리포니아와 아주 비슷한데 다만 더위와 스모그 현상만 없을 뿐이라고 생각한다. 천국의 생활을 상상할 때 그들은 온갖 현대적 편의시설을 갖춘 화려한 궁전에서 보석이 주렁주렁 달린 면류관을 쓰고 생활하는 자신의 모습을 그려본다. 그들이 상상하는 그림에 두세 명의 천사를 그려 넣으면, 통속적 기독교의 신봉자들이 믿는 저속한 내세관이 탄생한다!

그들이 믿는 천국은 기타를 치며 아주 흥겨운 리듬으로 찬송가를 불러서 오늘날 교회의 예배를 어수선하게 만드는 가수들의 달착지근한 서정적 노래에 자주 등장한다. 황당한 믿음을 가진 사람들이 천국에 간다는 생각이 도덕적 우주의 법칙에 어긋나는 비현실적인 생각임에도 불구하고 그런 생각을 문제 삼는 사람들은 없는 것 같다.

목회자로서 나는 장례식의 집행을 많이 해왔다. 솔직히 말해서 그들의 영원한 미래는 지극히 불확실했지만 그들은 장례식이 끝나기 전에 그럭저럭 천국의 시민권을 획득했다. 이것이 무슨 이야기인가? 나는 그들이 천국 시민이 되었다는 착각을 조장할 만한 말을 하지 않았지만, 장례식의 매우 열광적인 찬송가 소리에 고무된 그들의 가족은 "돌아가신 저 양반이 생전에 그렇게 살았어도 미래의 언젠가 깨어날 때는 좋은 결과가 있지 않겠는가?"라고 중얼거리며 장례식장을 떠나곤 했다는 말이다.

자기의 죄가 얼마나 무거운지를 느낀 사람이나 "나의 하나님, 나의 하나님, 어찌하여 나를 버리셨나이까"(마 27:46)라는 갈보리 언덕의 외침을 들은 사람은 통속적 기독교가 제공하는 얄팍한 희망에서 평안을 얻지 못한다. 그런 사람은 그리스도의 대속적 죽음이 제공하는 죄 사함과 깨끗게 함과 보호가 아니면 평안을 얻지 못한다. 당연히 그래야 한다!

사도 바울은 "하나님이 죄를 알지도 못하신 이를 우리를 대신하여 죄로 삼으신 것은 우리로 하여금 그 안에서 하나님의 의가 되게 하려 하심이라"(고후 5:21)라고 말했다. 종교개혁가 루터는, 이것이 인간의 영혼에게 무엇을 의미하는지를 잘 표현했다. 루터는 믿음으로 "오, 주님! 당신이 나의 의(義)이시고 나는 당신의 죄(罪)입니다"라고 외쳤다.

**완전한 사랑이 선사하는 완전한 미래**

죽음 이후의 영원한 복락에 대한 확실한 소망은 하나님의 선하심에 근거하고, 또 그리스도께서 우리를 위해 십자가에서 이루신 속죄에 근거한다. 하나님의 깊고 깊은 사랑은 우리의 영원한 복락의 샘이다. 그리고 그리스도 안에서 나타난 하나님의 은혜는 그 샘에서 흘러나온 그 복락을 우리에게 전달하는 수로(水路)이다. 그리스도의 십자가가 새로운 도덕적 상황을 만들어 내기 때문에 하나님의 모든 속성은 회개한 죄인의 편에 서게 된다. 심지어 그분의 공의조차 죄인의 편에 서게 되는데, 성경이 "만일 우리가 우리 죄를 자백하면 그는 미쁘시고 의로우사 우리 죄를 사하시며 우리를 모든 불의에서 깨끗하게 하실 것이요"(요일 1:9)라고 가르치기 때문이다.

진정한 그리스도인은 완전한 사랑이 선사하는 '완전히 행복한 미래'를 기대해도 좋다. 사랑은 사랑의 대상에게 최대한 긴 기간 동안 최대한 충만한 즐거움을 선사하기 원한다. 그러므로 그리스도께서는 더할 나위 없이 행복한 미래를 우리를 위해 준비하고 계신다. 하나님의 능력은 무한하고 우리의 이해를 초월한다.

# 철저한 십자가

| | |
|---|---|
| 초판 1쇄 발행 | 2011년 10월 7일 |
| 초판 15쇄 발행 | 2023년 3월 30일 |
| 지은이 | A. W. 토저 |
| 옮긴이 | 이용복 |
| 펴낸이 | 여진구 |
| 편집 | 이영주 박소영 최현수 안수경 김도연 김아진 정아혜 |
| 책임디자인 | 마영애 노지현 조은혜 이하은 |
| 홍보 · 외서 | 진효지 |
| 마케팅 | 김상순 강성민 |
| 제작 | 조영석 |
| 마케팅지원 | 최영배 정나영 |
| 경영지원 | 김혜경 김경희 이지수 |

303비전성경암송학교 유니게 과정 박정숙
이슬비전도학교 / 303비전성경암송학교 / 303비전꿈나무장학회

펴낸곳     규장

주소 06770 서울시 서초구 매헌로 16길 20(양재2동) 규장선교센터
전화 02)578-0003    팩스 02)578-7332
이메일 kyujang0691@gmail.com        홈페이지 www.kyujang.com
페이스북 facebook.com/kyujangbook   인스타그램 instagram.com/kyujang_com
카카오스토리 story.kakao.com/kyujangbook
등록일 1978.8.14. 제1-22

ⓒ 한국어 판권은 규장에 있습니다.
이 출판물은 저작권법에 의해 보호를 받는 저작물이므로 무단 전재와 무단 복제를 할 수 없습니다.

**책값** 뒤표지에 있습니다.
ISBN 978-89-6097-235-3  03230

## 규│장│수│칙

1. 기도로 기획하고 기도로 제작한다.
2. 오직 그리스도의 성품을 사모하는 독자가 원하고 필요로 하는 책만을 출판한다.
3. 한 활자 한 문장에 온 정성을 쏟는다.
4. 성실과 정확을 생명으로 삼고 일한다.
5. 긍정적이며 적극적인 신앙과 신행일치에의 안내자의 사명을 다한다.
6. 충고와 조언을 항상 감사로 경청한다.
7. 지상목표는 문서선교에 있다.

하나님을 사랑하는 자 곧 그의 뜻대로 부르심을 입은 자들에게는 모든 것이 合力하여 善을 이루느니라(롬 8:28)

규장은 문서를 통해 복음전파와 신앙교육에 주력하는 국제적 출판사들의 협의체인 복음주의출판협회(E.C.P.A:Evangelical Christian Publishers Association)의 출판정신에 동참하는 회원(Associate Member)입니다.